银行业金融机构培训系列教材

信贷客户调查

CREDIT CUSTOMER INVESTIGATION

陈玉菁／著

立信会计出版社
LIXIN ACCOUNTING PUBLISHING HOUSE

图书在版编目(CIP)数据

信贷客户调查 / 陈玉菁著. —上海：立信会计出
版社，2021.1
ISBN 978-7-5429-6714-5

Ⅰ.①信… Ⅱ.①陈… Ⅲ.①信贷管理 Ⅳ.
①F830.51

中国版本图书馆 CIP 数据核字(2021)第 004352 号

策划编辑　　戎其玉
责任编辑　　戎其玉　冯　晶
封面设计　　南房间

信贷客户调查

Xindai Kehu Diaocha

出版发行	立信会计出版社			
地　　址	上海市中山西路 2230 号		邮政编码	200235
电　　话	(021)64411389		传　　真	(021)64411325
网　　址	www.lixinaph.com		电子邮箱	lixinaph2019@126.com
网上书店	http://lixin.jd.com		http://lxkjcbs.tmall.com	
经　　销	各地新华书店			

印　　刷	上海天地海设计印刷有限公司		
开　　本	710 毫米×1000 毫米	1/16	
印　　张	12.25		
字　　数	207 千字		
版　　次	2021 年 1 月第 1 版		
印　　次	2021 年 1 月第 1 次		
印　　数	1—3 100		
书　　号	ISBN 978-7-5429-6714-5/F		
定　　价	42.00 元		

前　言
PREFACE

信贷业务是银行的核心业务之一,也是银行经营收入的主要来源。一笔信贷业务从客户提出申请到银行发放贷款,再到银行收回贷款,一般要经历调查、审查、审批、发放、管理和回收六个阶段。其中,贷前调查是起点,是银行防范坏账的第一道关口。

信贷客户调查的主要目的和作用是消除银行与客户间的信息不对称问题。一个称职的、有经验的信贷人员可以使每一笔贷款做到:放得出去,收得回来;同时使该借钱的客户借得到钱,不该借钱的客户借不到钱。这样,不但可以争取到业务,而且可以降低信贷风险。

本书主要从财务因素和非财务因素两个方面阐述信贷调查的内容和要点,以及客户财务危机预警和客户信息真假的甄别方法。同时也介绍了小微客户贷前调查的方法、贷款额度的测算和风险度揭示,以及交叉检验技术的应用。

本书介绍的诸多内容、方法和案例,大多源于作者多年来给银行信贷人员培训的教学心得、调研案例,以及受邀给多家银行所做的项目、共同研发的已线上运行的贷前调查模板和小微企业评价系统。

本书可作为银行信贷部门业务培训的参考教材。为便于读者理解与应用,本书在编写时坚持深入浅出的原则,突出实用性和可操作性。文字简明扼要,通俗易懂,文中加入了大量的图表和实例,同时采用提示形式对一些扩展的内容或资料进行专门阐述,以利于读者扩大视野,加深理解,便于应用。

本书在编写过程中,得到立信会计出版社副社长、副编审戎其玉老师和编辑冯晶的热情帮助,在此表示衷心和诚挚的感谢。

本书的撰写过程中,可以说倾注了作者的追求和努力,但由于水平的限制,书中难免有疏漏和不当之处,恳请读者批评指正,并请方便时把意见发往电子邮箱:chenyujing1011@163.com。在此表示真诚的谢意。

陈玉菁

2021 年 1 月

目 录

CONTENTS

非财务调查篇

小微贷调查篇

基础知识篇

JI CHU ZHI SHI PIAN

第 1 章
客户经理认知基础

■楔子：

信用——一个古老而又现代的话题

古罗马时代，一些商人在当地的集会上放一条长凳，经营货币借贷。当借款人前来借款时，放款人使用"信用（credit）"一词，表示他相信借款人。与此同时，"破产（bankruptcy）"一词也出现了。当放款人因错误相信借款人的偿债能力，发现自己已无法继续经营时，就会将长凳一摔为二，表明其已经破产。在现代经济环境下，信用已成为市场经济的基石。银行信贷部门对客户的信用情况进行分析，可以最大限度地避免和减少贷款风险，保障贷款资产的安全性、流动性和盈利性。

核心知识

1.1 信贷客户调查的内容

1.1.1 根本内容

"我可以把钱借给他吗？"这是所有准备出借资金的贷款人在决策前经常会自问的一个问题。这是因为出借资金客观上存在着信用风险，即借款人到期不愿或不能偿还借款而使贷款人遭受损失的可能性。

银行信贷客户调查的根本内容，就是对客户的信用情况进行调查和分析，即在贷款前评估客户的信用品质和偿债能力，从而在整体上把握客户的还款意愿和还款能力,最大限度地避免和减少贷款风险,维护银行自身的利益。

1.1.2　基本内容

银行信贷客户调查的基本内容包括三部分,即对客户①的财务因素、非财务因素和担保情况进行调查和分析。财务因素调查主要采用定量分析的手段,非财务因素调查主要采用定性分析的手段。以上两因素结合担保调查和分析,相互印证、相互补充,为全面判断客户的信用风险提供充分和必要的依据。

1.2　信贷客户调查的功能

1.2.1　消除信息不对称,避免逆选择和道德风险

信贷客户调查的根本目的是保护自身(银行)财产的安全。

在信息不对称的前提下,客户(借款人)对资金的用途(包括获利和风险)一清二楚,而银行(资金提供者)却常常一无所知,处于劣势。正所谓:你对我一无所知,我对你一清二楚。在信息不对称的情况下,银行在贷款前可能会发生逆选择现象,使该借钱的客户借不到钱,让不该借钱的客户借到钱。

另外,在贷款发生后还可能发生道德风险,即客户借到钱后,并没有按照原有的承诺使用资金,而是从事其他高风险活动。

那么,银行如何识别客户信用好坏呢? 从本质上讲,银行信贷部门是情报机构,对客户进行信用调查和分析可以发挥情报机构的功能,把优质客户和劣质客户区分开来。

1.2.2　消除信息焦虑现象,提升信贷调查效率

所谓信息焦虑,是指银行信贷部门面对不同渠道得到的客户的大量信息时,有时往往难以判断何者有用,甚至良莠不齐。而专门针对客户的信用情况进行调查和分析,可以快速过滤所有的信息,提高信贷调查效率,为信贷决

---

① 本书第1~9章中"客户"均指企业。客户与企业在词义上不作严格区别。

策提供正确有用的信息。

用一句通俗的话来说就是:让该借钱的客户,顺利借到钱,并付出合理的代价;让不该借钱的客户,即使愿意付出再高的代价也借不到钱。这样,不仅可以争取到业务,而且可以降低贷款风险。

1.3　信贷客户调查的流程

1.3.1　信贷业务流程

在审贷分离制度下,一笔信贷业务从客户提出申请到银行发放贷款再到银行收回贷款,一般而言,其基本流程如图 1-1 所示。

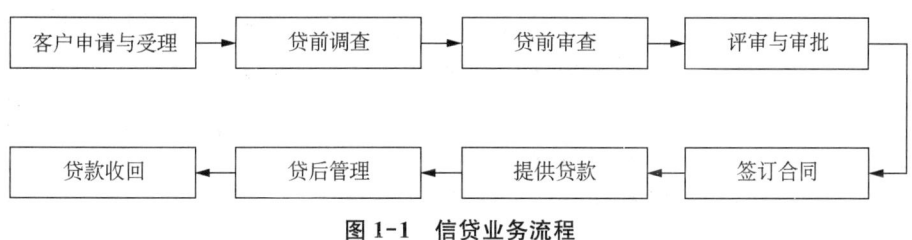

图 1-1　信贷业务流程

从图 1-1 中可以看出,信贷业务流程涵盖了信贷业务的六个阶段。

(1)贷前调查阶段。

(2)贷款审查阶段。

(3)贷款审批阶段。

(4)贷款发放阶段。

(5)贷后管理阶段。

(6)贷款回收阶段。

贷款风险存在于信贷业务的全过程。每笔贷款从调查开始直到贷款收回,每个阶段都存在风险,稍不小心就会出现问题。

1.3.2　贷前调查流程

在上述六个阶段中,贷前调查阶段尤为重要,它是决定信贷质量高低的第一道关口。贷前调查流程如图 1-2 所示。

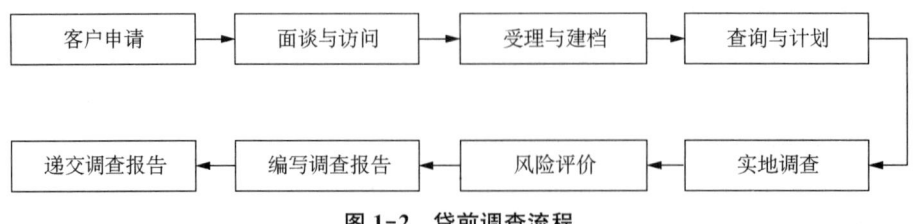

图 1-2　贷前调查流程

贷前调查流程说明如表 1-1 所示。

表 1-1　贷前调查流程说明

流程	说明	提示
面谈与访问	重点是准入标准。了解客户的主体资格,是否符合信贷政策等,以决定是否受理	固定资产贷款还要看借款人是否具备固定资产贷款的相关条件
受理与建档	(1) 向客户收取应提交的各项书面资料 (2) 检查资料的完整性、真实性、合法性和有效性 (3) 建立受理档案,录入信贷管理系统	固定资产贷款还要至少附加以下材料: (1) 项目可行性研究报告 (2) 固定资产建设、改造方案 (3) 设计任务书
查询与计划	(1) 查询征信系统:本行、央行等 (2) 拟定调查计划 ① 确定调查重点 ② 列出调查事项 ③ 特殊事项说明	(1) 流动资金贷款调查重点是营运资金周转 (2) 固定资产贷款调查重点是中长期营运计划以及现金净流入量
实地调查	(1) 实地核实客户提交的资料 (2) 实地查阅客户主要账簿 (3) 实地询问高管、员工	(1) 复印件与正本核对 (2) 提交的财务报表是否经过审计 (3) 经营环境、员工精神面貌等
风险评价	(1) 贷款用途 (2) 借款人的财务情况 (3) 借款人的非财务情况 (4) 保证人的保证能力和抵押物状况	(1) 贷款用途的真实性 (2) 还款来源和还款能力 (3) 抵(质)押物的变现能力

完成上述流程尽职调查后,即可着手编写信贷调查报告。需要指出的是,信贷调查报告的质量优劣直接关系到贷款决策的正确与否。

◄))) **提示：**

对客户基本信息重点调查的内容如下。

客户在经营方面是否存在以下情况：

(1) 关键管理人员离职且无人替代。

(2) 主导产品不符合国家产业政策，或者没有市场销路，产品严重积压。

(3) 失去主要市场、特许权或主要供应商。

(4) 人力资源或重要原材料短缺。

(5) 其他导致经营状况恶化的情况。

客户在其他方面是否存在以下情况：

(1) 严重违反有关法律、法规或政策。

(2) 存在可能带来无法承受损失的未决诉讼。

(3) 异常原因导致停工、停产。

(4) 有关法律、法规或政策的变化可能造成重大不利影响。

(5) 经营期限即将到期且无意继续经营。

(6) 投资者未履行协议、合同、章程规定的义务，并有可能造成重大不利影响。

(7) 因自然灾害、战争等不可抗力因素遭受严重损失。

学以致用

➡ **问题与解答**

1. 贷款、信贷和授信有区别吗？

答：贷款、信贷和授信等用词常常不作严格区别，混淆使用。实际上，它们既有联系，又有区别。

贷款是指银行将货币使用权出借给客户，并按约定期限和利率收回本息的经营行为。

信贷的概念比贷款要广。"信"是指银行提供的信用，主要是表外业务；"贷"是指银行发放的贷款，主要是表内业务。

授信是指银行向客户授予信用和贷款的经营行为。

本书中三者的概念不作严格区别。

2. 什么是表内业务和表外业务？

答： 这个"表"，指的是银行的资产负债表。凡涉及"出借货币资金使用权"的贷款，反映在资产负债表内，属于表内业务，如贷款、项目融资、票据贴现等；凡不涉及实际资金占用的，不需记入资产负债表，就属于表外业务，如银行贷款承诺、保证、票据承兑等。

➡ 练习与思考

1. 作为一名合格的客户经理，当客户提出贷款申请时，其首先应该考虑的问题应该有：

（1）这个客户是谁？

（2）他需要借多少钱？

（3）他需要钱做什么？

（4）这个客户最多能承担多少债务？

（5）他有没有能力按期归还？

这些问题应该反映在信贷调查报告中，构成信贷调查报告的基本框架。请根据你们单位信贷调查报告需填写的相关内容，用专业名词分别表述以上5个问题。

2. 有人说，如果您欠银行 8 万元，您可能面临麻烦；但如果您欠银行 8 000 万元，面临麻烦的可能是银行。这句话说明了什么？您同意这句话吗，理由是什么？

➡ 案例与评析

他为什么会被解雇

在西方银行界广泛流传着这样一则传说。一位银行的信贷员，在 30 年的职业生涯中，经手的业务从未发生过问题贷款，但当新上任的行长得知这一情况后，立即将他解雇了。这位信贷员有如此完美的记录，为什么要解雇他呢？很多人也许会发出这样的疑问。

行长的解释如下：如此完美的记录肯定是以拒绝了难以数计的良好贷款申请为代价的。由于这位信贷员的存在，该银行错过了大量的业务，从而损失了应得的利润。

问题贷款确实会给银行带来很大损失，所以银行应致力于问题贷款的控制和管理，但也不能因噎废食，太过谨慎地发放贷款。

对于银行来说，贷款就像是会生"金蛋"的母鸡。没有母鸡，银行也就得不到"金蛋"。

您同意这位行长的见解吗？

财务调查篇

CAI WU DIAO CHA PIAN

第2章
以信贷风险视角认识财务报表

■**楔子：**

洞察报表蕴藏的玄机

　　某企业在某一会计期间发生一笔100万元的销售业务，试问这笔业务会影响该企业哪些财务报表上的数据。很多人第一个反应可能是利润表。事实上，资产负债表、利润表、现金流量表等都会受到影响。这个答案似乎有点"玄"，是不是？读完本章，您就会知道企业发生的每一笔经济业务与财务报表繁杂的数字背后蕴藏的玄机。

核心知识

2.1 财务报表输出的基本信息

　　一般来说，客户报送的财务报表有三种：资产负债表、利润表和现金流量表。若是年报，有的客户还需报送所有者权益变动表。对于银行信贷部门来说，首先需要了解的是这些报表输出的最基本的信息是什么，即：客户经营的钱从哪儿来？客户所做的生意赚钱吗？客户日常开支顺畅吗？客户具有可持续增长的前景吗？

2.1.1　资产负债表输出的基本信息

　　客户经营的钱从哪儿来——这是资产负债表输出的最基本的信息。

客户在生产经营过程中,除了投资者本身所投入的资金外,往往还需要占用他人的资金,来创造更多的财富。为了明确分辨客户经营的资金来源,会计上将投资者对企业的投资,称为所有者权益,将企业向他人借入的资金,称为负债。

客户取得的资金,除一部分留在手头上或存入银行供周转外,其余主要用于购买存货、添置设备或作其他投资。这些现金、银行存款、存货、设备、投资等都是客户的资产。

资产负债表就是反映客户在某一特定日期所拥有的资产,以及这些资产的资金来源(即负债和所有者权益)的报表,如表 2-1 所示。

表 2-1 资产负债表(简表)

流动资产		流动负债	
固定资产	资金运用	长期负债	资金来源
其他资产		所有者权益	
总资产		负债及所有者权益	

通过资产负债表可以判断客户的财务状况。

例如,从资产负债表中可以分析客户资产的流动性,也就是资产变成现金的能力,俗称"变现能力"。当某一客户的厂房、机器设备等较不易变现的固定资产占总资产的比例很大时,说明该客户资金受限制的程度较大,转换成现金的流动性较低,资金调度的弹性可能就较差。

又如,当客户的负债大于其所有者权益很多时,表示该客户的资金大多来自债权人,财务结构就不够稳健,若突然"抽银根",可能会使客户措手不及而导致破产。举个例子,某客户所有者权益总额是 230 万元,但是该客户应付账款有 280 万元。如果资金一时周转不过来,货款无法及时支付,供应商不愿再继续供应原料,结果原材料来源中断,生产就无法进行,但日常的开支如水电费、薪金等仍将不断发生。在这种情况下,该客户如无其他解救方法,就只能关门大吉了。

2.1.2 利润表输出的基本信息

客户所做的生意赚钱吗——这是利润表输出的最基本的信息。

客户运用资产负债表左边的资产,生产并出售产品或提供劳务产生收入。要产生收入,就会发生相应的成本与费用。当收入超过成本与费用时,超过的部分就是客户所创造的利润;反之就会发生亏损。

利润表就是反映客户在某一期间经营成果的财务报表,如表 2-2 所示。

表 2-2 利润表(简表)

营业收入	运用资产产生的收入
减:成本	在产生收入中发生的必要支出
费用	
营业利润	
……	
利润总额	
减:所得税	
净利润	

需要指出的是,习惯上,许多人拿到利润表喜欢先看最后一行"净利润"的金额,看看今年是赚了还是亏了。但实际上,这就像一张中学生的学习成绩排名表,虽然总平均及名次是最受瞩目的地方,但是各科成绩中哪一科表现良好,哪一科尚待加强,这才是检验学习成果,以求更上一层楼的重点。所以,一张利润表的引人入胜之处,不应只是净利润,更重要的是,它能告诉我们各项成本、费用与收入之间的关系,以及影响净利润(或亏损)的因素有哪些。

2.1.3　现金流量表输出的基本信息

客户日常开支顺畅吗——这是现金流量表输出的最基本的信息。

客户通过资产负债表右边的融资和左边的使用,可以取得利润表第一行的营业收入,以及最后一行的净利润,但不能获知这些经营成果是否都转化为现金。而现金犹如人体的血液,只有血液在体内顺畅流淌,人的身体才会健康。

现金流量表就是从现金流入和流出两个方面,反映客户在一定期间从事的经营活动、投资活动和筹资活动是否最终产生现金的报表,如表 2-3 所示。

表 2-3 现金流量表(简表)

经营活动现金流入	
经营活动现金流出	造血型现金
经营活动现金流量净额	
投资活动现金流入	
投资活动现金流出	放血型现金
投资活动现金流量净额	
筹资活动现金流入	
筹资活动现金流出	输血型现金
筹资活动现金流量净额	
现金净增加额	

　　如果说客户的资产负债表和利润表所展现的是一张张静止的影像,那么现金流量表就是一段连续放映的影片,它将客户赚取真金白银的全过程呈现出来,让我们知道,客户的现金从何而来,又往何处去。

2.1.4　所有者权益变动表输出的基本信息

　　客户具有可持续增长的前景吗——这是所有者权益变动表输出的最基本的信息。

　　所有者权益变动表,是反映客户在一定期间构成所有者权益各个部分当期增减变动情况的报表,如表 2-4 所示。

　　所有者权益变动表不仅包括股本金、当期损益、直接计入所有者权益的利得和损失,还包括与所有者(或股东)进行资本交易导致的所有者权益变动等。从中可以了解所有者权益增减变动的根源,以此判断客户可持续发展的前景。

2.2　客户经营活动对财务报表的影响

2.2.1　客户日常账务处理程序

　　财务报表是客户日常发生的各项活动,通过会计的专门方法记录、整理、汇总之后的结果。客户日常账务处理程序如图 2-1 所示。

表 2-4　所有者权益变动表

年度＿＿＿＿＿

会企 04 表

单位：元

编制单位：

项目	本年金额										上年金额									
	实收资本（或股本）	其他权益工具		资本公积	减:库存股	其他综合收益	专项储备	盈余公积	未分配利润	所有者权益合计	实收资本（或股本）	其他权益工具		资本公积	减:库存股	其他综合收益	专项储备	盈余公积	未分配利润	所有者权益合计
		优先股	永续债 其他									优先股	永续债 其他							
一、上年年末余额																				
加:会计政策变更																				
前期差错更正																				
其他																				
二、本年年初余额																				
三、本年增减变动金额（减少以"—"号填列）																				
（一）综合收益总额																				
（二）所有者投入和减少资本																				
1. 所有者投入的普通股																				
2. 其他权益工具持有者投入资本																				
3. 股份支付计入所有者权益的金额																				

（续表）

项目	本年金额											上年金额										
	实收资本（或股本）	其他权益工具			资本公积	减：库存股	其他综合收益	专项储备	盈余公积	未分配利润	所有者权益合计	实收资本（或股本）	其他权益工具			资本公积	减：库存股	其他综合收益	专项储备	盈余公积	未分配利润	所有者权益合计
		优先股	永续债	其他									优先股	永续债	其他							
4. 其他																						
（三）利润分配																						
1. 提取盈余公积																						
2. 对所有者（或股东）的分配																						
3. 其他																						
（四）所有者权益内部结转																						
1. 资本公积转增资本（或股本）																						
2. 盈余公积转增资本（或股本）																						
3. 盈余公积弥补亏损																						
4. 设定受益计划变动额结转留存收益																						
5. 其他																						
四、本年年末余额																						

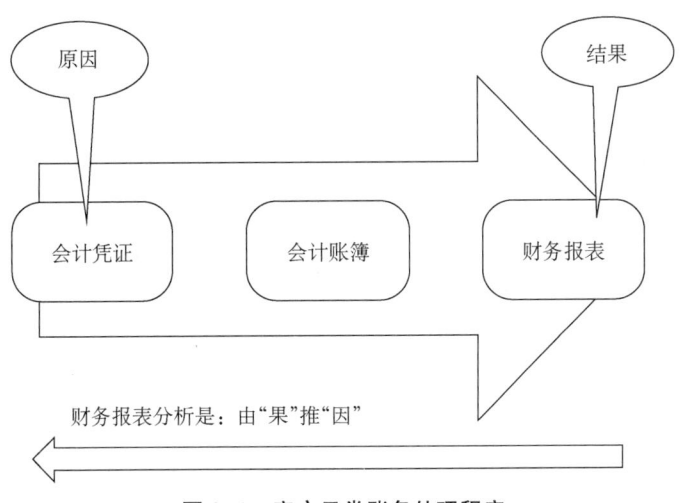

图 2-1 客户日常账务处理程序

阅读和分析财务报表,就是要通过这些汇总后的信息,去了解客户日常经营的全貌,也可以说是由"果"推"因"。但是,要能够推"因",就必须先了解因果关系。因此,要全面了解财务报表所输出的信息,以及报表之间的相互关系,有必要认识客户从事的经营活动是如何影响其财务报表相关数据的。

2.2.2 客户经营活动引起的财务报表联动

1) 取得资金成立公司

假定有兄弟两人决定开设一家专门销售运动服的公司,他们共拿出 20 万元,又向亲朋好友借了 10 万元,成立海天公司。图 2-2 反映了这些投资、借款等经营活动对财务报表的影响。

资产负债表

单位:万元

资产		负债和所有者权益	
现金	30	负债	10
		所有者权益	20
资产总额	30	负债和所有者权益总额	30
现金流量表			
筹资活动现金流入:			
吸收投资收到的现金			20
借款收到的现金			10
现金净增加额			30

图 2-2 企业经营活动对报表的影响(一)

资产负债表的左边,显示海天公司拥有 30 万元的现金,而这 30 万元的现金(资产)是从哪儿来的呢? 资产负债表的右边显示,海天公司由借款(负债)取得 10 万元资金,投资者自有资金投入(所有者权益)20 万元。

2) 购置营业资产

有了营运资金以后,海天公司购买了 2 万元的办公设备(即固定资产),以及 10 万元供销售的运动服(即存货)。图 2-3 显示了这些经济活动对财务报表的影响。

资产负债表

单位:万元

资产		负债和所有者权益	
现金	18(30−12)	负债	10
存货	10	所有者权益	20
固定资产	2		
资产总额	30	负债和所有者权益总额	30

现金流量表

经营活动现金流出:	
购买商品支付的现金	10
投资活动现金流出:	
购建固定资产支付的现金	2
筹资活动现金流入:	
吸收投资收到的现金	20
借款收到的现金	10
现金净增加额	18

图 2-3　企业经营活动对报表的影响(二)

从图 2-3 中可以看出,以现金购买办公设备及运动服,并未改变企业资产总额及其资金来源总额,改变的只是资产构成的具体内容。海天公司由原来全部是现金资产,改变为现金减少,存货和固定资产增加。

3) 发生销售收入和营业费用

一切准备就绪后,海天公司开始营业,假定库存的运动服(存货)本月销售一空,售价 18 万元,其中现金销售 12 万元,赊销 6 万元(信用期 30 天)。假定海天公司本月共发生营业费用 2.4 万元,其中广告费、薪金等 1.8 万元,水电费 0.2 万元,折旧费 0.4 万元。水电费下月支付。又假定本月无税负发生。图 2-4 显示了这些经济业务对财务报表的影响。

资产负债表

单位:万元

资产		负债和所有者权益	
现金	28.2(18+12−1.8)	应付费用	0.2
存货	0(10−10)	借款	10
应收账款	6	负债合计	10.2
固定资产	2	所有者权益	25.6(20+5.6)
减:折旧	0.4		
固定资产净值	1.6		
资产总额	35.8	负债和所有者权益总额	35.8

现金流量表

经营活动现金流入:	
销售商品收到的现金	12
经营活动现金流出:	
购买商品支付的现金	10
支付给职工的现金等	1.8
经营活动现金净流量	0.2
投资活动现金流出:	
购建固定资产支付的现金	2
筹资活动现金流入:	
吸收投资收到的现金	20
借款收到的现金	10
现金净增加额	28.2

利润表

营业收入	18
减:营业成本	10
营业费用	2.4
利润总额	5.6

图 2-4　企业经营活动对报表的影响(三)

　　由于销售和发生的营业费用起了变化,资产负债表左右两边的总额都由以前的 30 万元变成了 35.8 万元。

　　左边资产部分的变动,是因为现销使现金增加了 12 万元,但支付广告费和薪金使现金减少了 1.8 万元,两者相抵使现金净增加 10.2 万元;赊销产生了 30 万元应收账款,应收账款虽然尚未取得现金,但取得向顾客要求付现的权利,因此是企业资产的一部分;存货 10 万元则因卖出而从资产项目中消失。所有这些变化的结果使资产总额净增加 5.8 万元。

　　右边负债增加 0.2 万元,是因为水电费要到下个月才支付,所以在确认水电费发生的同时,必须确认"应付费用"的发生。所谓"应付费用",是指企业已经发生了的费用,有义务于将来用现金支付,属于企业的"负债"。

　　右边所有者权益增加 5.6 万元,一是来自销售活动所赚来的盈余,也就是10 万元成本的存货,以 18 万元的售价卖出,赚得 8 万元;二是发生营业费用2.4 万元,两者相抵得 5.6 万元。

　　综上所述,可以看出:企业销售商品发生营业收入,使资产增加;而相关的营业成本及营业费用,则使资产减少或产生新的负债;收入超过各项成本、费用的部分(利润),增加了所有者权益;而现金的收支变化则表现在现金流量表中。可以说,这些财务报表各组成要素之间的互动关系,真是牵一发而动全身!

2.2.3　财务报表数据间的联动关系

　　资产负债表、利润表和现金流量表,虽然从不同角度反映客户的资金来源和资金使用情况,以及经营成果和现金循环状况,但它们之间存在着密切的联动关系,如图 2-5 所示。

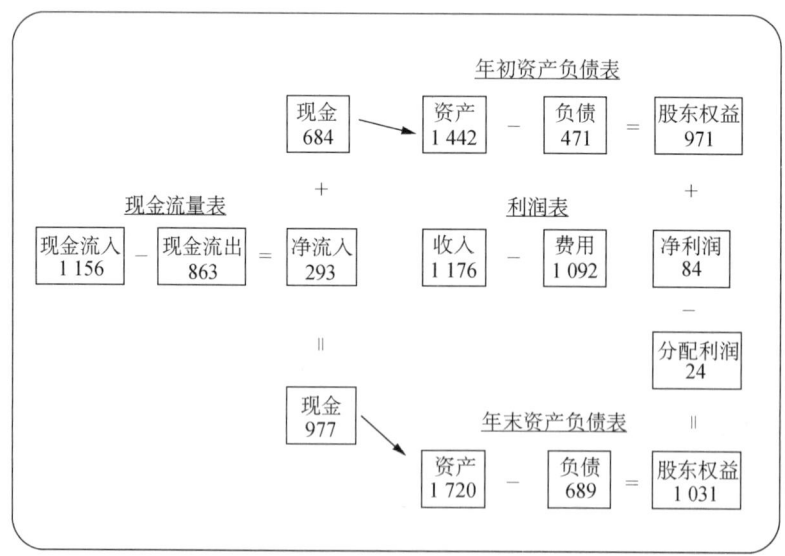

图 2-5　财务报表间简明数据关系

从图 2-5 中可以看出,资产负债表中的货币资金增减变动,与现金流量表中的现金净流量存在勾稽关系。资产负债表中的所有者权益增减变动,与利润表中的净利润密切相关。

2.3　基于信贷风险防范的财务报表调查

对于银行信贷部门来说,基于信贷风险防范,如何从具体的客户财务报表入手进行分析? 分析的重点又是什么? 这就涉及贷款归还的逻辑关系和调查切入点问题。

2.3.1　财务报表与贷款归还的逻辑关系

从客户向银行贷款的关联关系看,客户最常用的三张财务报表,每张都与其贷款归还有着密切的逻辑关系。

1) 贷款归还与现金流量表的关系

借债得来的钱是要还的。怎么还钱? 当然是用现金流来偿还。

2) 贷款归还与利润表的关系

现金流,即钱是客户赚来的。如何赚钱? 当然是靠盈利。

3) 贷款归还与资产负债表的关系

盈利是靠资产创造的。如何创造? 当然要依赖资产的规模和质量。

以上三层关系是反推和依次被制约的。从一般人们习惯的正向思维来看,就是:资产创造收益,收益形成盈利,盈利形成现金,现金归还贷款。

2.3.2　贷款归还的财务报表调查切入点

1) 从资产负债表入手,调查资产的质量

资产负债表调查的关键内容是看资产的质量,即客户用资产创造的收益应尽可能多。

2) 从利润表入手,调查盈利的质量

利润表调查的关键内容是看盈利的质量,即客户取得的营业收入和利润应持续多。

3) 从现金流量表入手,调查现金流

现金流量表调查的关键内容是看现金流,即客户的剩余现金流应足够多。

这样,从信贷风险管理的角度来看,这三张财务报表就与客户的偿债能力紧密地结合起来了。同时也指出了信贷客户财务报表调查的切入点,即资产质量、利润质量和现金流。

以资产质量、利润质量和现金流为切入点,对客户财务状况、经营成果和现金流进行分析后,就可以得到客户流动性和盈利性方面的完整信息,借此对客户的偿债能力进行评估,为信贷决策提供可靠的依据。

图 2-6 描述了基于信贷风险防范的财务报表调查切入点。

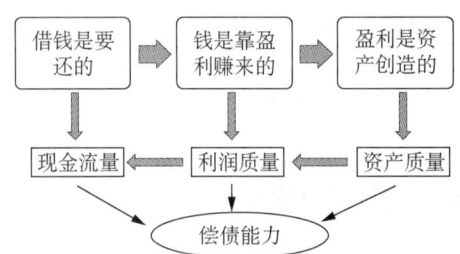

图 2-6　基于信贷风险的财务报表调查切入点

2.3.3　还款来源调查

还款来源是判断客户贷款偿还可能性的最明显标志。任何一笔贷款在发放时,都应明确其确切的用途,同时在合同上注明偿还的资金来源是什么。

1) 还款来源的类别

一般情况下,客户的还款来源不外乎以下几种:经营活动中的商品销售收入、所有者权益增加、资产变现、举借新债、抵押品清偿、担保人偿还等。由于这几种来源的稳定性和可变性不同、成本费用不同,因此,风险程度也不同。但通过正常经营活动获得的现金,即第一还款来源,是偿还债务最有保障的还款来源。

抵押品清偿和担保人偿还,由于不确定因素较多和成本较高,风险也就较大。例如,当抵押品的价值跌到贷款金额以下时,银行就要遭受损失。

2) 短期贷款还款来源

短期贷款的还款来源主要是通过客户正常的经营活动中的资产转换获

得清偿。例如,应收账款转换为现金而产生的还款来源。就期间而言,大部分的短期贷款属于这种强调流动资产转换变现创造还款来源的贷款。

因此,对于短期贷款,调查的重点是客户在资产转换周期内取得的现金流量,是否能及时和足够偿还贷款。

3) 长期贷款还款来源

长期贷款无法依赖资产转换获得还款来源,而必须依赖客户经营活动中产生的现金流量来偿还贷款。因此,必须特别关注客户的现金流量,评估客户税后利润以及折旧、摊提等因素,计算客户未来贷款期间的现金流量。也就是说,其他资金来源的增加不能作为长期贷款的还款来源。

因此,对于长期贷款,调查的重点是客户在未来的经营活动中是否能够产生足够的现金流量以偿还贷款。也就是说,客户在未来经营活动中产生的现金流量是关注的重点。

综上所述,客户是否有足够的现金流是至关重要的。虽然盈利是客户获取现金净流入的根本源泉,但获取足够的现金流量才是客户持续经营的有力支撑。

对银行信贷部门来说,对现金流的关注应该超乎寻常。客户能否如期偿还贷款,关键是看客户能否有源源不断的现金流。

学以致用

➡ 问题与解答

1. 客户财务报表信息调查要解决的基本问题是什么?

答:一是通过资产负债表调查客户所面临的风险是什么。

例如,某一信贷客户目前的债务情况如何? 该客户所拥有的资产价值能否对银行提供的贷款给予保证? 该客户的资本有多少来自银行,有多少来自所有者?

二是通过利润表调查客户是如何创造利润的。

例如,客户目前的收入是多少? 与这些收入相匹配的成本是多少? 成本是否超过了收入？如果这个客户已经开始盈利了,那么它们是如何分配这些利润的？有多少利润投资于企业的未来发展？有多少利润分配给了企业的所有者？

三是通过现金流量表调查客户是否有充足的现金。

例如,该客户的日常活动能够产生多少现金？该客户是否有足够的现金用于企业未来的发展？如果该客户不能通过自己的活动产生足够的现金,是否能通过其他途径来弥补现金的短缺？

2. 客户财务报表信息调查,具体应该了解哪些基本项目呢？

答: (1) 通过资产负债表,需要了解的基本项目有:

现金够不够用？应收账款多不多？存货会不会多？负债比率是不是太高？明年是否有快到期的负债？

(2) 通过利润表,需要了解的基本项目有:

营业收入有多少？毛利高不高？费用高不高？营业外收入多不多？赚了多少钱？每股收益多少？

(3) 通过现金流量表,需要了解的基本项目有:

来自主营业务赚来的现金有多少？今年资本支出多少？今年有多少现金是由新增债务而来？有没有足够的现金偿还今年到期债务？

(4) 通过所有者权益变动表,需要了解的基本项目有:

今年发放红利是多少？公司累计盈余多不多？

➡ 练习与思考

1. 资产负债表、利润表、现金流量表和所有者权益变动表,四表中哪张报表是核心报表？

2. 客户编制年报,是先完成资产负债表还是利润表？为什么？

➡ 案例与评析

ABC 公司利润表和资产负债表相关数据如表 2-5 和表 2-6 所示。要求分析该客户的利润质量和现金流。

表 2-5 ABC 公司利润表

项目	上年	本年
营业收入	50 000	100 000
成本与费用	40 000	70 000
净利润	10 000	30 000

表 2-6 ABC 公司资产负债表

项目	上年年末	本年年末	变化额
现金	2 000	2 000	0
应收账款	10 000	30 000	20 000
存货	10 000	25 000	15 000
总资产	22 000	57 000	35 000
应付账款	7 000	2 000	−5 000
短期借款	0	10 000	10 000
所有者权益	15 000	45 000	30 000
总负债和所有者权益	22 000	57 000	35 000

评析：

1. 从利润表来看，一切情况良好。利润增加了 3 倍。但是，ABC 公司的一些经营状况在利润表中没有反映出来。进一步分析可以看出：

应收账款增加速度大于销售增加速度，这是为了提高本年度的销售额，说明该公司信贷政策放宽，客户质量下降。

年末存货增加，说明这些存货很难销售出去，除非降价。

应付账款减少，说明该公司没有能力以信用条件购买商品。

2. 本年的现金净流量计算如下：

净利润	30 000
应收账款的增加	−20 000
存货的增加	−15 000
应付账款的减少	−5 000
现金净流量	−10 000

3. 从资产负债表中可以看到，短缺的现金是通过短期借款筹措的。

第3章
资产负债表信息调查

■楔子：

家底定格的照片

资产负债表用来向人们揭示客户拥有或控制的能用货币表现的经济资源，即资产的总规模及具体的分布形态，以及在某一特定时点客户资产与权益（负债和所有者权益）的状况。如果用照相来形容的话，资产负债表是瞬间快照，是客户家底定格的照片。

核心知识

3.1 资产负债表信息调查的主要内容

对于银行信贷部门来说，客户资产负债表信息调查应注重以下三方面的内容。

3.1.1 调查客户经营资源的配置与经营风险

1）资产比重

利用资产负债表，可以了解客户在某一特定日期各类资产在总资产中以及各种资产在各类资产中所占的比重。通过观察前后几期的变化，并与同行业相同规模企业的比较，可以分析客户经营资源的配置是否合理。任何一种资产及其比重过低或过高，都不同程度地说明了客户在投资与资产营运管理上存在的问题,如表 3-1 所示。

表 3-1　客户经营资源配置与经营风险分析表

资产负债表项目	比重	经营风险
流动资产	过低	若是现金短缺,意味客户直接购买与支付能力下降,短期偿债风险增加,客户生存能力受到威胁
		若是存货储备严重不足,意味客户正常生产难以保证,而且往往会失去营销良机
	过高	可能是现金过多。现金过多虽然会提高企业的短期偿债能力,但同时也降低了企业的收益能力,因为现金的盈利能力最低
		可能是应收账款增加过高。这将引起坏账风险的增加,影响收益质量
		可能是存货上升过快。这显示了企业过量采购或生产与销售能力不足,存货占用成本上升,盈利能力下降,同时会增加流动资产的变现风险
固定资产	过低	影响企业现时的生产经营能力与未来的发展潜力
	过高	表明企业资产的流动性太低。同时,高额的折旧势必形成高额的固定成本,直接导致企业经营风险的提高;再者,固定资产价值回收期长,势必形成高比重固定资产经营的高风险性

2) 经营风险与经营杠杆

经营风险是指客户生产经营上的原因而导致的资产报酬波动的风险。

经营杠杆是指客户在经营决策时对经营成本中固定成本的利用,即在成本结构中固定成本对息税前利润的影响。经营杠杆的大小用经营杠杆系数(DOL)表示,用来评价经营风险的大小。

经营杠杆系数的计算公式如下:

$$DOL = \frac{基期边际贡献总额}{基期息税前利润}$$

$$= \frac{(销售单价-单位变动成本)\times 产销量}{(销售单价-单位变动成本)\times 产销量-固定成本总额}$$

从上述公式中可以看出,如果其他因素不变,经营杠杆系数与固定成本正相关。也就是说,客户盈利与否或经营风险大小与固定成本的大小直接相关。

【例 3-1】 某客户生产某种产品,年产销量约 1 000 件,其单位变动成本 10 万元,固定成本总额 1 200 万元,销售单价 12 万元。

$$DOL = \frac{(12-10)\times 1\,000}{(12-10)\times 1\,000 - 1\,200} = 2.5$$

说明:客户在其销售量为 1 000 件的基础上,如果销售量增加 1 倍,息税前利润就增加 2.5 倍,这就给客户带来了经营杠杆利益;反之,如果销售量减少 1 倍,息税前利润就下降 2.5 倍,这就给客户带来了经营风险。

【例 3-2】 如果上例其他条件不变,该客户固定成本总额为 1 500 万元,则:

$$DOL = \frac{(12-10)\times 1\,000}{(12-10)\times 1\,000 - 1\,500} = 4$$

说明:客户在其销售量为 1 000 件的基础上,如果销售量增加 1 倍,息税前利润就增加 4 倍;反之,如果销售量减少 1 倍,息税前利润就下降 4 倍。

利用经营杠杆系数可以预测或证实客户的利润和销售等相关数据。

【例 3-3】 经查实,某客户去年实现营业利润 380 万元,预计今年产销量能增长 12%。

(1) 如果经营杠杆系数为 3,计算今年可望实现的营业利润额。

(2) 如果经营杠杆系数为 2,要想实现营业利润 600 万元,则产销量至少应增长多少?

答:(1) 今年可望实现营业利润额:380×(1+12%×3)=516.8(万元)

(2) 产销量至少应增长:(600÷380-1)÷2×100%=29%

🔊 提示:

引起企业经营风险的主要原因是市场需求和生产成本等因素的不确定性,经营杠杆本身并不是资产报酬不确定的根源,只是资产报酬波动的表现。但是,经营杠杆放大了市场和生产等因素变化对利润波动的影响。经营杠杆系数越高,表明资产报酬等利润波动程度越大,经营风险也就越大。

3.1.2 调查客户资金来源与财务风险

1) 资金来源

利用资产负债表,可以了解客户资金来源的构成,尤其是财务风险的状况。任何一种资金来源及其比重过低或过高,都不同程度地说明客户在资金筹措及资金结构上存在的问题,如表 3-2 所示。

表 3-2　客户资金来源与财务风险分析表

资产负债表项目	比重	财务风险
流动负债	过多	客户即期与短期偿债压力沉重,短期财务风险增加
	过低	由于流动负债作为短期资金的成本一般低于长期资本的成本,说明客户对较低成本资金利用不足,将降低盈利能力
长期负债	过高	长期利息负担和未来本金的偿还将增加客户长期财务风险
所有者权益	过高	与缺乏利用财务杠杆相关,过分稳健将导致低收益
	过低	说明负债率过高,财务杠杆利用过度,财务风险急剧上升

在上述分析内容中,长期负债与所有者权益的结构比重,一般称为资本结构,是现代财务分析的一个重要内容。资本结构的合理与否,直接反映客户资本成本的高低、财务风险的大小和盈利能力的强弱。

2) 财务风险与财务杠杆

财务风险是指客户为取得财务杠杆利益而利用负债资金时,增加了破产机会或普通股利润大幅度变动所带来的机会和风险。

财务杠杆是指客户利用债务筹资对收益的影响。财务杠杆的大小用财务杠杆系数(DFL)表示,用来评价客户的财务风险。

财务杠杆系数的计算公式如下:

$$DFL = \frac{基期息税前利润}{基期税前利润}$$

$$= \frac{(销售单价-单位变动成本)\times 产销量-固定成本总额}{(销售单价-单位变动成本)\times 产销量-固定成本总额-利息}$$

从上述公式中可以看出,如果其他因素不变,财务杠杆系数与利息多少正相关。也就是说,客户盈利与否或财务风险大小与利息多少直接相关。

【例3-4】 某客户资金总额为2 000万元,借入资金与权益资本的比例为1:1,借入资金利息率为10%,普通股股数为50万股,所得税税率为25%,2020年客户息税前利润为300万元。

要求计算:

(1) 企业的财务杠杆系数。

(2) 普通股每股收益。

(3) 预计2021年客户息税前利润下降20%,则普通股每股收益又是多少?

答:(1) $DFL = \dfrac{300}{300 - 1\,000 \times 10\%} = 1.5$

(2) $EPS = \dfrac{(300 - 1\,000 \times 10\%) \times (1 - 25\%)}{50} = 3(元/股)$

(3) $EPS = 3 \times (1 + 20\% \times 1.5) = 3.9(元/股)$

🔊 提示:

引起企业财务风险的主要原因是资产报酬的不利变化和利息支出的固定负担。

由于财务杠杆的作用,当客户的息税前利润下降时,客户仍然需要支付固定的利息,普通股剩余收益就会以更快的速度下降。财务杠杆放大了资产报酬变化对普通股收益的影响。财务杠杆系数越高,表明普通股收益的波动程度越大,财务风险也就越大。

3.1.3 客户资产和资本结合与偿债能力

资产与资本结合是指客户以何种方式为资产提供资金来源,尤其是短期资金来源和长期资金来源两者期限的对应关系,可直接判断客户的短期偿债能力和长期偿债能力。

1) 短期偿债能力

客户短期偿债能力的重要指标之一是营运资金。营运资金的计算公式是:

营运资金 = 流动资产 - 流动负债

对于一个正常经营的客户来说,其营运资金应该大于零。下面从两个角度理解营运资金指标的重要性。

（1）现金流动角度。

从表 3-3 可以看到,该客户流动负债共计 1 200 万元,若此时其中 900 万元流动负债即将到期并必须支付,由于该客户有 2 000 万元的流动资产,其中现金和短期证券共 300 万元,应收账款和存货可以拿出一部分变现,因此其偿还短期债务应该没有问题。

表 3-3   资产负债表（简表）

现金	200	应付账款	600
短期证券	100	短期借款	400
应收账款	800	其他流动负债	200
存货	900		
流动资产合计	2 000	流动负债合计	1 200

（2）资金筹集角度。

由于资产按变现的期限可划分为流动资产和非流动资产,资金相应地也可划分为短期资金与长期资金,因此两者相应的补偿关系对客户财务状况具有重要的意义。

从图 3-1 中可以看到,1 900 万元营运资金的来源是长期资金提供的。也就是说,营运资金是用来支持客户日常运营的长期资金来源。当短期资金来源,即流动负债不足以支持短期资金用途,所缺的资金可依赖长期资金来支付。

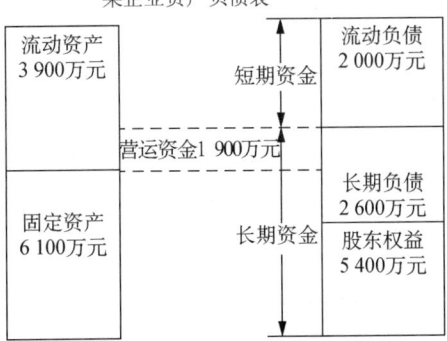

图 3-1   资产负债表（简图）

对于银行信贷部门来说,不仅要调查客户资金从何处来,投资在哪些方面,而且还要研究客户资金来源的期限与所投资资产期限的一致性问题。

长期资金长期用,短期资金短期用,长期可以用于短期,短期不可以用于长期。相反地,若流动资产小于流动负债,则代表当时有短期资金来源运用到中长期资金用途上,因而有较高的流动性风险。

营运资金的来源和运用如图 3-2 所示。

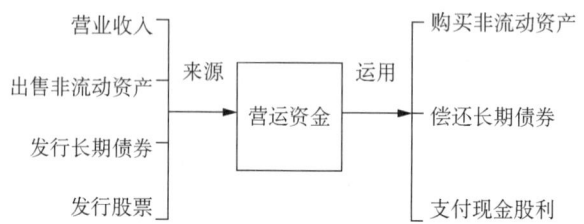

图 3-2　营运资金的来源和运用

🔊 **提示：**

（1）不会影响客户营运资金的经济业务有：流动资产内部各项目之间的增减；流动负债内部各项目之间的增减；流动资产和流动负债同时增加或同时减少。

（2）会影响客户营运资金的经济业务有：客户非流动资产和非流动负债的增减变化若涉及流动资产的相关业务,就会影响营运资金。例如,客户购买固定资产,就会减少其营运资金；客户向银行借入长期借款,就会增加其营运资金。

2）长期偿债能力

长期偿债能力是客户偿还长期债务的现金保障程度。由于长期债务的期限长,因此客户长期偿债能力主要取决于客户资产与负债的比例关系,其主要指标是资产负债率。

资产负债率的计算公式如下：

$$资产负债率 = \frac{负债总额}{资产总额}$$

资产负债率也被称为举债经营比率。它既可用来反映客户在总资产中有多大比例是通过借债来筹资的,也可以用来衡量在清算时客户保护债权人利益的程度。

负债对于客户来说是一把双刃剑:一方面,负债增加了客户的财务风险,借债越多,风险越大;另一方面,债务的成本低于权益资本的成本,增加债务可以改善盈利能力。因此,客户常常在风险与盈利之间求取平衡。

需要指出的是,公允价值的资产负债率与违约概率呈现正相关的关系。

【例 3-5】 假定未来经济形势出现繁荣、一般和萧条的可能性均为 1/3。客户经理在贷前调查中估计某客户在三种可能性下资产价值分别为 130 万元、100 万元和 70 万元。要求计算:

(1) 资产的公允价值。

(2) 当资产负债率为 80% 时未来违约的概率。

(3) 当资产负债率为 60% 时未来违约的概率。

答:(1) 资产的公允价值=130×1/3+100×1/3+70×1/3=100(万元)

(2) 当资产负债率为 80% 时,负债=100×80%=80(万元)

如果未来的经济形势趋于萧条,资产的价值仅为 70 万元,违约可能性是 1/3。

(3) 当资产负债率为 60% 时,负债=100×60%=60(万元)

无论未来经济形势如何,违约可能性基本为零。

3.2 财务结构分析

3.2.1 财务结构分析的作用

财务结构是指客户全部资产、负债和所有者权益是如何构成的,以及它们之间的比例关系。分析财务结构最主要的作用有两点。

(1) 判断客户经营是否稳健。

例如,当客户的负债大于其所有者权益很多时,表示该客户的资金大多来自债权人,客户经营就不够稳健,若突然"抽银根",可能会使该客户措手不及,从而导致破产。

（2）判断客户偿债能力是否强。

从资产负债表中各种资产所占的比例，可以分析客户的偿债能力。通常就资产的流动性加以分析，即客户为偿还债务，而将资产变换成现金的能力如何。当某一客户的厂房、机器设备等较不易变现的固定资产等占总资产的比例很大时，说明该客户资金受限制的程度很大，也就是转换成现金的流动性较低，资金调度的弹性可能就较差。

以上只是简单的分析，我们还可以从资产负债表中各项目之间的关系，来诊断客户的财务状况。如此一来，一大串的数字就不再是枯燥的符号，而是具有鲜活意义的了。

分析客户的财务结构，可以从静态和动态两个角度进行。

3.2.2　静态财务结构分析

静态财务结构有 5 种不同的财务状况。

1）财务闲置状况

财务闲置状况的资产负债表如表 3-4 所示。

表 3-4　资产负债表（财务闲置状况）

单位：万元

流动资产：700	流动负债：300
	非流动负债：100
非流动资产：300	所有者权益：600 　　其中：实收资本：450 　　　　　留存收益：150
资产合计：1 000	负债和所有者权益合计：1 000

从表 3-3 中可以看到，财务闲置状况的财务结构的特征是：流动资产不仅占用了全部负债的资金，而且还占用了部分所有者权益的资金。这种财务结构，尽管客户的财务风险小，但资金使用比较保守，客户将大多资金停留在收益率相对较低的流动资产上。从长远角度看，该客户没有发展后劲，对银行的长期贷款利息很难保证能及时支付。

2）财务理想状况

财务理想状况的资产负债表如表 3-5 所示。

表 3-5 资产负债表(财务理想状况)

单位:万元

流动资产:600	流动负债:300
	非流动负债:100
非流动资产:400	所有者权益:600 其中:实收资本:450 留存收益:150
资产合计:1 000	负债和所有者权益合计:1 000

从表 3-5 中可以看到,财务理想状况的财务结构的特征是:流动资产是流动负债的 2 倍,符合流动比率的一般要求。这种财务结构,不仅短期偿债能力有保障,而且又比较充分地运用了资金,表明客户财务状况比较好,比较稳固。

3) 财务困境状况

财务困境状况的资产负债表如表 3-6 所示。

表 3-6 资产负债表(财务困境状况)

单位:万元

流动资产:250	流动负债:300
	非流动负债:100
非流动资产:750	所有者权益:600 其中:实收资本:500 留存收益:100
资产合计:1 000	负债和所有者权益合计:1 000

从表 3-6 中可以看到,财务困境状态的财务结构的特征是:非流动资产不仅占用了非流动负债和所有者权益资金,还占用了部分流动负债资金。这种财务结构表明,该客户造成短贷长投,这种情况往往使到期的流动负债难以归还。

4) 财务危机状况

财务危机状况的资产负债表如表 3-7 所示。

表 3-7 资产负债表(财务危机状况)

单位:万元

| 流动资产:250 | 流动负债:300 |
| | 非流动负债:100 |

(续表)

非流动资产：550	所有者权益：400 　其中：实收资本：500 　　　　留存收益：－100
资产合计：800	负债和所有者权益合计：800

从表3-7中可以看到，财务危机状态的财务结构特征有：一是非流动资产不仅占用了非流动负债和所有者权益资金，还占用了部分流动负债资金；二是亏损已经将一部分所有者权益吃掉了，在资产负债表中表现为留存收益（未分配利润和盈余公积）是负数。这种财务结构表明，客户财务已经处于危险状况。

5）财务破产状况

财务破产状况的资产负债表如表3-8所示。

表3-8　资产负债表（财务破产状况）

单位：万元

流动资产：200	流动负债：300
	长期负债：100
非流动资产：150	所有者权益：－600
资不抵债：50	其中：实收资本：－500 　　　　留存收益：－100
资产合计：400	负债和所有者权益合计：400

从表3-8中可以看到，财务破产状况的财务结构的特征是：客户的所有者权益资金被全部亏损掉后，还亏损了部分负债资金。这种财务结构表明，客户已经陷入资不抵债的境地，很快就会破产。

3.2.3　动态财务结构分析

资产负债表是静态报表，反映客户某一时点的财务状况。但是，客户的资金是处在不断运动的过程之中的，资金运动的过程和结果必然引起财务结构的不断变化。常见的财务结构变化的类型如表3-9所示。

表 3-9　财务结构变化的类型

项目	财务状况					
	1	2	3	4	5	6
资产	增加	增加	减少	增加	减少	减少
负债	减少	增加	减少	增加	减少	增加
所有者权益	增加	增加	增加	减少	减少	减少

注:表中的增加与减少为年末数减去年初数的差额。

从表 3-9 中可以看出,第 1 种类型属于优化型。客户经过一段时期的生产经营活动,如果取得盈利,其资产总额和所有者权益必然有所增加,可实现资本保值或增值的目标,同时负债比率会降低,客户财务风险随之减少。而第 6 种类型属于破产型。如果一个客户经营了一段时期后,资产和所有者权益减少了,但负债却增加了,通常是客户发生了亏损,财务健康状况发生恶化,如任其发展下去,必然导致资不抵债,直至破产。

◀)) 提 示:

一个企业的财务状况的优化或恶化,主要看所有者权益(在实收资本不变的情况下)是增加还是减少。如果所有者权益增加,尽管资产、负债发生了不同情况的变化,但也表明企业资金实力增加,财务安全程度提高,企业健康状况良好。相反,如果所有者权益减少,则说明经营发生亏损,财务安全性受到影响。但应注意:由于企业经济业务是根据历史成本记录的,因此,不能把一家企业在资产负债表上的净权益与企业的售价或评估价相混淆。

3.3　客户信贷额度测算

3.3.1　客户信贷需求类型

很多人以为客户现金匮乏才找银行,实际上这种看法是不全面的。事实上,这只是缺口型信贷需求。在实际工作中,客户的信贷需求可归纳为 4 种类型。

1) 缺口型信贷需求

这是客户最基本的信贷需求类型,源于企业经营中出现的资金缺口。例如,客户为投入固定资产或补充流动资金需要信贷。

2）扩大消费型信贷需求

有些客户自身经营并不缺少资金,只是在经营活动中为扩大经营需要那些价值较高的重型设备、精密仪器等固定资产,而企业一时又难以筹集到大量资金一次性购买,这就产生了扩大消费型信贷需求。这类信贷需求也被称为买方信贷。

3）理财型信贷需求

有些客户正常经营所需的资金有保障,但是希望借助于银行的信贷资金来理财。例如,企业采用批量采购、买断销售、现款采购、预付货款等方式,均需要超常规的资金来运作。其运作结果可以降低企业成本,提高收益。这就是理财型信贷需求。

4）供应链信贷需求

随着分工的深化,许多客户为了突出主业,就不断把非主业经营或者低附加值的产品外包出去,使自己集中资源致力于高附加值的专业化经营;还有些客户本身就依赖于企业间的分工协作来进行生产经营,例如汽车、电子产业等。这就形成了许多围绕着不同核心企业的产业协作群,并由此产生跨企业配置资金的需求。这就是供应链信贷需求类型。

3.3.2 缺口型信贷额度的确定

1）资产转换周期

我们要了解客户资金缺口的大小,合理确定贷款金额与期限,首先应了解资产转换周期。

所谓资产转换周期,是指企业在组织生产时投入资金、购入存货、生产、销售,最终收回资金并增值的循环过程。

【例3-6】 华北某水泥厂需要购买270万元的原材料用于生产,其中190万元向银行借款,80万元由供货商赊账。在生产过程中,发生电费、水费、工资等日常开支65万元。产品完工后,通过销售收到375万元的销售款。该客户随后归还银行借款190万元和应付账款80万元,扣除日常开支65万元后,实现利润40万元。这就是一个简单的资产转换周期。

资产转换周期又包含了两类循环过程,如图3-3所示。

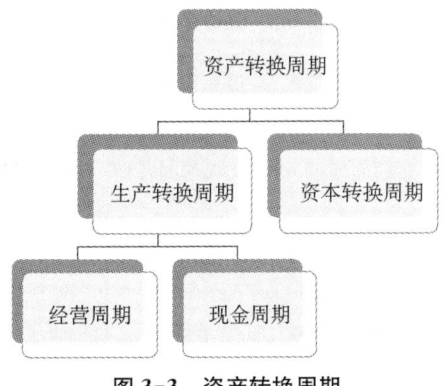

图 3-3 资产转换周期

（1）生产转换周期。

生产转换周期是指生产经营的投入产出循环过程。采购和生产是现金流出，销售获得现金流入。资金出入在时间上存在差异，流出大于流入就出现资金缺口。

（2）资本转换周期。

资本转换周期是指客户投入固定资产，使用并计提折旧的循环过程。需要指出的是，企业厂房、设备等固定资产需要一次性投入较多的资金，然后通过多个生产周期才能逐步收回。因此银行发放长期固定资产贷款时，就要把客户生产转换周期和资本转换周期综合起来测算贷款金额与回收期。

2）经营周期和现金周期

在生产转换周期中又有经营周期和现金周期两个概念。

客户从购进原料、生产、销售直到收取货款的时间，叫做经营周期；客户实际支付原料款与实际收回销售款的现金收付时间间隔，叫做现金周期，如图 3-4 所示。

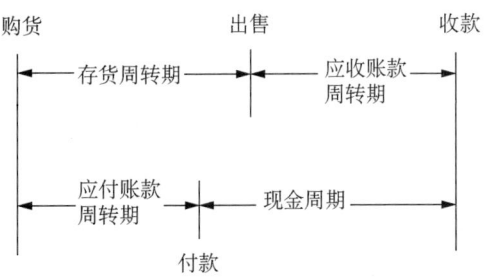

图 3-4 企业经营周期与现金周期

从图 3-4 中可知,经营周期与现金周期的计算公式如下:

经营周期 ＝ 存货周转期＋应收账款周转期

现金周期 ＝ 经营周期－应付账款周转期

＝ 存货周转期＋应收账款周转期－应付账款周转期

其中:

存货周转期 ＝ 平均存货÷产品销售成本×360 天

应收账款周转期 ＝ 平均应收账款÷产品销售收入×360 天

应付账款周转期 ＝ 平均应付账款÷产品销售成本×360 天

【例 3-7】 某客户 2020 年相关财务信息如表 3-10 所示。

表 3-10　某客户的财务信息

单位:万元

产品营业收入	5 740		
产品营业成本	3 996		
	期初	期末	平均
存货	1 000	1 400	1 200
应收账款	800	1 100	950
应付账款	380	620	500

根据表 3-10 资料,该客户经营周期及现金周期计算如表 3-11 所示。

表 3-11　经营周期与现金周期的计算

项目	周转期	含义
存货	1 200÷3 996×360＝108(天)	从原材料购买到产品出售的平均周期
应收账款	950÷5 740×360＝60(天)	提供给客户的平均信用周期
应付账款	500÷3 996×360＝45(天)	供应商提供的平均信用周期
经营周期	108＋60＝168(天)	
现金周期	168－45＝123(天)	

提示:

客户在日常经营活动中现金周期在大多数情况下都会存在。现金周期是产生短期融资的成因。现金周期的变化经常被作为客户的预警信号,当其延长时,可能反映客户在存货、应收账款管理上出现问题。

3.3.3　流动资金贷款需求量的测算

根据银监会①于 2010 年公布并实施的《流动资金贷款管理暂行办法》,流动资金贷款需求量应基于借款人日常生产经营所需营运资金与现有流动资金的差额(即流动资金缺口)确定。

1) 估算借款人营运资金量

$$营运资金量 = \frac{上年度销售收入 \times \left(1 - \frac{上年度销售利润率}{}\right) \times \left(1 + \frac{预计销售收入年增长率}{}\right)}{营运资金周转次数}$$

其中:

$$营运资金周转次数 = \frac{360}{\left(\frac{存货周}{转天数} + \frac{应收账款}{周转天数} - \frac{应付账款}{周转天数} + \frac{预付账款}{周转天数} - \frac{预收账款}{周转天数}\right)}$$

营运资金周转天数(期)的计算如图 3-5 所示。

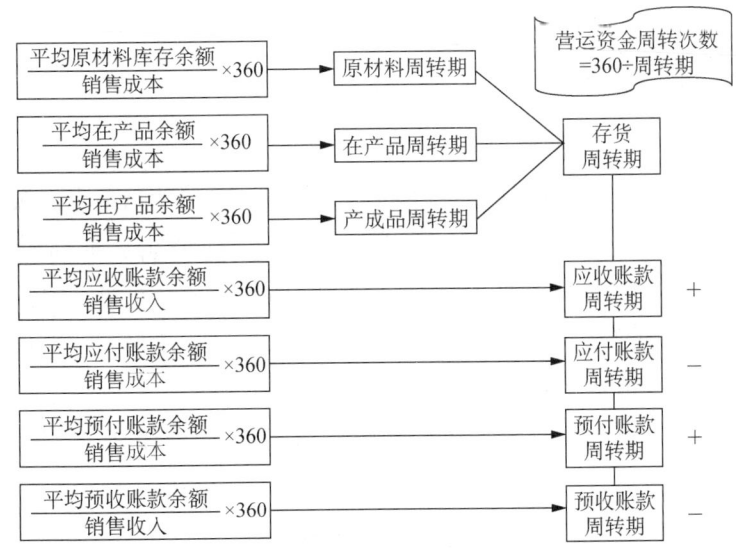

图 3-5　营运资金周转期

①　银监会,全称中国银行业监督管理委员会。2018 年,中国银行业监督管理委员会和中国保险监督管理委员会合并,成立中国银行保险监督管理委员会,简称银保监会。

2）估算新增流动资金贷款额度

$$\begin{matrix}\text{新增流动资金} \\ \text{贷款额度}\end{matrix} = \begin{matrix}\text{营运} \\ \text{资金量}\end{matrix} - \begin{matrix}\text{借款人} \\ \text{自有资金}\end{matrix} - \begin{matrix}\text{现有流动} \\ \text{资金贷款}\end{matrix} - \begin{matrix}\text{其他渠道提供} \\ \text{的营运资金}\end{matrix}$$

3）需要考虑的其他因素

需要考虑的其他因素包括借款人所属行业、规模、发展阶段、谈判地位等，并可考虑一定的保险系数。

银行信贷部门对集团关联客户，可采用合并报表估算流动资金贷款额度；对小企业融资、订单融资、预付租金或者临时大额债项融资等情况，可在确保有效控制用途和回款情况下，根据实际交易需求确定流动资金额度；对季节性生产借款人，可按每年的连续生产时段作为计算周期估算流动资金需求，贷款期限应根据回款周期合理确定。

学 以 致 用

➡ 问题与解答

1. 什么是资产的质量？如何判断？

答："资产＝负债＋所有者权益"这一会计等式是资产负债表编制的理论基础。资产占据了资产负债表的"半壁江山"。所谓资产的质量，是指资产的变现能力、增值能力、被企业在未来进一步利用的质量以及与其他资产组合增值的质量。资产质量的好坏，主要表现为资产的账面价值与其变现价值或被进一步利用的潜在价值之间的差异上。

银行信贷部门判断资产质量的标准是：该项资产是否能作为偿还贷款本息的物质保证。

2. 客户现金周期等于零或小于零意味着什么？

答：若等于零，意味着除了周转所需的现金头寸外，客户的其他流动资金需求全都可由应付账款支持。

若小于零，意味着供货商不仅垫付了客户所需的流动资金，客户还可以将多余的资金拿来做再投资。

在绝大多数情况下,它们都反映了客户与供货商以及客户的超级议价能力。

➡ 练习与思考

1. 某客户本年销售收入为 1 000 万元,变动成本总额为 350 万元,固定成本总额为 250 万元。预计下年销售收入将下降 20%,则下年息税前利润为多少?

2. 根据表 3-12 的利润表,计算营运资金金额。

表 3-12　利润表

单位:万元

营业收入		1 200
营业成本(包括折旧 65)	550	
管理费用(包括折旧 25)	130	
利息费用	100	
所得税	40	820
净收益		380

➡ 案例与评析

流动资金贷款需求量测算

某客户向银行申请流动资金贷款,银行需测算该客户的流动资金贷款合理需求量。该客户部分财务数据如表 3-13 所示。

表 3-13　部分财务数据

单位:万元

会计科目	期初余额	期末余额
货币资金	6 000	7 000
应收账款	16 000	18 500
预付款项	4 000	5 000
存货	10 900	21 500
流动资产合计	36 900	52 000

（续表）

会计科目	期初余额	期末余额
短期借款	1 200	1 000
应付账款	16 500	15 000
预收款项	5 500	6 000
应交税费	1 400	1 300
一年内到期的非流动负债	4 300	3 000
流动负债合计	28 900	26 300

其他资料如下：

（1）贷款申请年度的企业销售收入总额为 10 亿元，销售成本为 7 亿元，销售利润率约为 30%。

（2）客户预计第二年的销售收入年增长率为 10%。

（3）客户拥有自有资金 2 000 万元。

（4）客户近期内有一笔 500 万元的短期贷款需要归还。

（5）客户目前主要是通过银行贷款来筹措营运资金。

评析：

测算过程如表 3-14 所示。

表 3-14　企业营运资金周转次数测算表

会计科目	期初余额（万元）	期末余额（万元）	平均余额（万元）	周转次数（次）	周转天数（天）
应收账款	16 000	18 500	17 250	5.80	62.10
预付账款	4 000	5 000	4 500	15.56	23.14
存货	10 900	21 500	16 200	4.32	83.31
应付账款	16 500	15 000	15 750	4.44	81.00
预收账款	5 500	6 000	5 750	17.39	20.70

（1）营运资金周转次数 $=\dfrac{360}{(83.31+62.10-81.00+23.14-20.70)}=5.39$（次）

（2）营运资金量 $=\dfrac{100\ 000\times(1-30\%)\times(1+10\%)}{5.39}=14\ 285.71$（万元）

（3）新增流动资金贷款额度＝14 285.71－2 000－1 000－0

$$＝11\ 285.71（万元）$$

（4）对估算结果进行调整。

考虑到该客户需要归还 500 万元额度的短期贷款，因此对其流动资金贷款额度调增 500 万元，最终流动资金贷款额度为 11 785.71 万元(11 285.71＋500)。

第4章
利润表信息调查

■楔子：

精彩播放的录像

看到客户的财务报表，我们在脑子里产生的第一个问题往往是：该客户是否盈利且盈利多少？利润表正可以回答这个问题。不过，一张利润表的诱人之处，不应只是净利润（或亏损）的数额，更重要的是，它能告诉我们影响净利润（或亏损）的因素有哪些，该客户未来是否还会盈利。如果说资产负债表是客户家底定格的照片，那么利润表就是连续播放的家底殷实与否及其原因的录像。

核心知识

4.1 利润结构分析

4.1.1 利润结构类型

利润表是根据"收入－费用＝利润"的基本关系而编制的。我国企业利润表采用多步式结构揭示企业的营业利润、利润总额和净利润。

客户不同的经营成果体现在利润表上，并形成不同的利润结构类型，如表4-1所示。

表 4-1　利润结构类型

类型		核心利润	营业利润	利润总额	净利润	健康状态说明
A	a	盈利	盈利	盈利	盈利	健康状态好
	b	盈利	盈利	亏损	亏损	根据产生亏损具体情况而定
B	a	盈利	亏损	盈利	盈利	此种状况如果继续下去将会导致破产
	b	盈利	亏损	亏损	亏损	
C	a	亏损	亏损	盈利	盈利	接近破产状态
	b	亏损	亏损	亏损	亏损	

说明:在我国企业利润表中并无表 4-1 中的核心利润项目这一栏,该项目是本书作者所设计。由于营业利润中既包含自主经营产生的收益,也包含非自主经营产生的收益等,因此银行信贷部门在调查客户利润表信息时,核心利润真实性的调查,以及核心利润占营业利润的比例尤为重要。核心利润和营业利润在利润表中的计算如表 4-2 所示。

表 4-2　利润表

编制单位:××　　　　　　　　　　××年度　　　　　　　　　　单位:元

项目	行次	上年数	本年累计数
一、营业收入	1		
减:营业成本	2		
税金及附加	3		
销售费用	4		
管理费用	5		
财务费用	6		
加:其他收益(损失以"-"号填列)	7		
投资收益(损失以"-"号填列)	8		
公允价值变动收益(损失以"-"号填列)	9		
资产减值损失(损失以"-"号填列)	10		
资产重置收益(损失以"-"号填列)	11		
二、营业利润(亏损以"-"号填列)	12		
加:营业外收入	13		
减:营业外支出	14		
三、利润总额(亏损以"-"号填列)	15		
减:所得税费用	16		
四、净利润(亏损以"-"号填列)	17		

核心利润

营业利润

4.1.2　利润结构类型总体分析

根据表 4-1 和表 4-2,对利润结构类型的总体分析如表 4-3 所示。

表 4-3　利润结构类型总体分析

类型		分析	总体评价
A	a	这类客户各利润项目均为正数,属于正常经营状况,健康状况最佳	属于正常状态的利润表项目构成
	b	这类客户往往是由于非经常性的特殊情况,如对外投资失败、遭受自然灾害等产生损失而造成亏损;可通过采取相应措施以扭转局面	
B	a	这类客户虽有盈利但不是靠营业所得,而是靠非自身经营和非经营业务所得,故既不能持久,也不会过多	属于危险状态的利润表项目构成
	b	这类客户销售获得的毛利已不能弥补期间费用的支出,故产生营业亏损,如果继续下去,亏损额越多,导致破产速度也越快	
C	a	这类客户虽最终有盈利,但非正常经营业务所得,既不会多,更不会持久。这种偶然所得最终还是不能保证客户持续经营	属于濒临破产状态的利润表项目构成
	b	这类客户一般难以维持下去。如果亏损累计数额超过所有者权益时,即为资不抵债,导致破产。这类客户已无健康可言	

◢))) 提示:

会计准则将"投资收益"项目纳入企业的"营业利润"项目,其理由是:随着企业运用资金权利的日益增大,资本市场的逐步完善,投资活动中获取收益或承担亏损已经成为企业正常经营活动不可分割的一部分,甚至是利润总额的重要组成部分。因此,将投资收益纳入营业利润,完全符合经济发展的客观要求。但在企业盈利模式的分析方面,势必会造成一定的影响,这就要求我们在分析时作出必要的调整,例如重视核心利润数据的分析。

4.1.3　利润结构与资产结构对应关系分析

前已述及,调查资产负债表信息要关注资产的真实价值。因此,利润应是建立在资产真实价值基础上的资产利用效果的最终体现。通过分析利润结构与资产结构的对应关系,可以考察客户经营性资产与投资性资产的相对增值质量,从而作为预测客户可持续发展潜力的重要依据。

1) 经营方式和资产类型

客户的经营方式有自主经营和非自主经营两种方式,其资产相应就有两种类型。经营性资产产生核心利润,投资性资产产生投资收益,如图 4-1 所示。

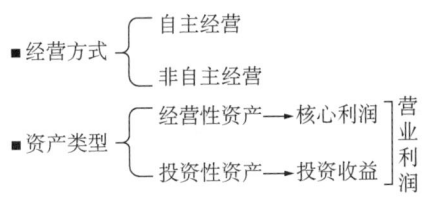

图 4-1　经营方式和资产类型

经营性资产和投资性资产在资产负债表中的项目如图 4-2 所示。

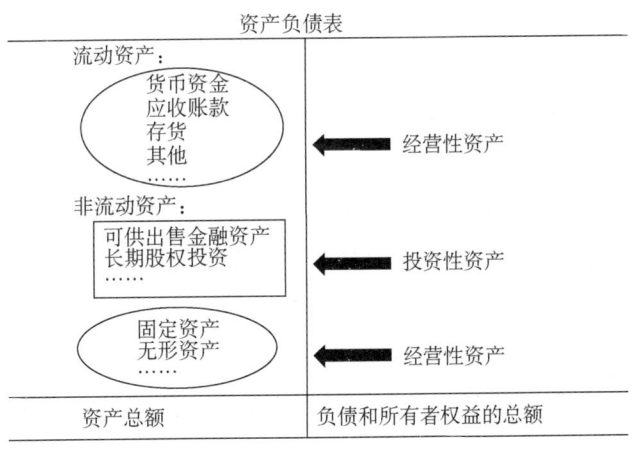

图 4-2　经营性资产和投资性资产

2) 经营性资产的增值质量分析

经营性资产的增值质量可以通过计算经营资产报酬率进行分析与评价。

经营资产报酬率反映经营性资产的盈利能力,其计算公式如下:

$$经营资产报酬率 = \frac{核心利润}{平均经营性资产}$$

3) 投资性资产的增值质量分析

投资性资产的增值质量可以通过计算投资资产报酬率进行分析与评价。投资资产报酬率反映客户投资资产的盈利能力,其计算公式如下:

$$投资资产报酬率 = \frac{投资收益}{平均投资性资产}$$

4.1.4 利润结构与现金流量结构对应关系分析

在一般情况下,企业的利润必须带来相应的现金流量,否则利润就可能是虚的。那么,利润应该产生多少现金流呢?

分析客户利润结构与相应的现金流量结构之间的对应关系,可以判断客户利润结构的现金获取质量。

1) 核心利润与经营活动现金净流量

一般来说,如果客户每年的存货周转速度超过 2 次(季节性差异、经济周期差异可以得到消除),良性发展的企业,其核心利润应该能产生相当于核心利润 1.2~1.5 倍的经营活动现金流量净额。

如果是房地产等经营周期比较长的客户,应该按照项目周期来考察。在项目完成时,项目的核心利润一定要小于经营活动现金净流量。

为什么核心利润要产生更多的经营活动现金净流量呢?因为经营活动现金净流量有很多用途,要分红、补偿折旧和无形资产摊销、支付利息等。如果有利润没有现金,意味着客户的利润只是数字,而不是可以支配的资产。所以说,经营活动现金净流量是检验核心利润质量的试金石。

2) 利润表中同口径营业利润和现金流量表中经营活动产生的现金净流量之间的差异

所谓同口径营业利润,是指利润表中该利润的计算与现金流量表中经营活动现金净流量的计算相对应。其计算公式如下:

同口径营业利润 = 核心利润 + 固定资产折旧 + 其他长期资产摊销 + 财务费用 − 所得税

在客户稳定发展的条件下,同口径营业利润应该与现金流量表中的经营活动现金净流量大体相当。

利润表中投资收益对应的现金流入量比较复杂,本书不再赘述。

4.2 利润质量查证

4.2.1 核心利润实现过程的质量

1) 营业收入的质量

对于营业收入的质量,调查的重点主要是以下三方面问题,如表 4-4 所示。

表 4-4　营业收入质量调查涉及的问题

问题	调查内容	备注
卖什么	(1) 看客户销售的产品	客户在行业中的定位,产品有无竞争优势
	(2) 看客户的业务依赖与风险	客户发展依赖什么业务,这种依赖在未来有无风险
卖给谁 (哪个地区)	(1) 该地区的经济发展后劲与客户业务发展前景关系	该地区对特定产品的偏好,以及人文环境等会影响客户的营销策略和发展前景
	(2) 该地区的政治经济环境	如行政领导人的更迭、经济政策的调整等,会对客户原有的发展产生影响
靠什么	(1) 靠政府(指政府所营造的环境)	政府政策有时会有助于客户拿到一些订单,但持续发展、有竞争力的客户主要依赖市场
	(2) 靠关联方	关联交易的最大特点是可以不依赖市场"制造"业务
	(3) 靠市场	靠市场获得的竞争优势一般会有持久的生命力

2) 费用的质量

在核心利润的计算中,费用按功能可以分为营业成本和期间费用。对于费用的质量,调查的重点是"花多少钱,办多少事"。调查中要强调效用,即调查费用发生后给客户带来了什么效益。

4.2.2　利润质量恶化的主要表现

银行信贷部门可以从以下几个方面判断客户利润质量可能正在恶化。

1) 扩张过快

如果客户在一定时期内扩张过快,涉及的领域过多、过宽,那么客户在这个时期所获得的利润状况可能正在恶化。

2) 反常压缩酌量性成本

酌量性成本是指管理层可以通过自己的决策而改变其规模的成本,如研究和开发成本、广告费支出等。此类成本压缩有可能是客户为了当期的利润而降低或推迟本应发生的支出。

3) 变更会计政策和会计估计

当客户面临不良的经营状况,而恰恰又作出有利于改善企业利润的会计政策和会计估计的变更,应当被认为是客户利润状况恶化的一种信号。

4) 应收账款规模的不正常增加、应收账款平均收账期的不正常延长

客户应收账款的不正常增加、应收账款平均收账期的不正常延长,有可能是客户为了增加其营业收入而放宽信用政策的结果,由此会面临未来大量发生坏账的风险。

5) 存货周转过于缓慢

在营业收入一定的条件下,存货周转越慢,存货占用的资金也就越多,不仅利息支出会增加,还会发生过多的存货损失以及存货保管成本。

6) 应付账款规模不正常增加、应付账款平均付账期不正常延长

如果客户的购货和销售状况没有发生很大变化,客户的供货商也没有放宽赊销的信用政策,那么客户应付账款规模的不正常增加、应付账款平均付账期的不正常延长,就是客户支付能力恶化、资产质量恶化、利润质量恶化的表现。

7) 无形资产或者开发支出规模的不正常增加

如果客户出现无形资产或者开发支出的不正常增加,则有可能是因为收入不足以弥补应当归于当期的费用支出,客户为了减少研究和开发支出对利润表的冲击而利用这些虚拟资产将费用资本化。

8）业绩过度依赖非营业项目

客户为了维持一定的利润水平,有可能通过非营业项目实现的利润来弥补营业利润的不足。例如,通过固定资产的出售利得来增加利润等。

9）计提的各种准备过低

在客户期望利润高估的会计期间,往往会选择计提较低的准备和折旧。这就等于把应当由现在负担的费用或损失人为地推移到未来的会计期间,从而导致客户发展的后劲不足。

10）销售费用、管理费用等项目出现不正常的降低

销售费用、管理费用等支出一般可以分成固定支出和变动支出。这样,客户各个会计期间的总费用将随业务的变化而变化,不太可能发生随着业务的增长而费用降低的情况。但是在实践中,经常会在一些客户的利润表中,发现收入项目增加、费用项目降低的情形,此时完全可以怀疑这是客户在报表中"调节"利润。

11）举债过度

举债过度,除了发展、扩张性原因以外,还有可能是客户通过正常经营活动、投资活动难以获得正常现金流量支持的结果。在回款不利、难以支付经营活动所需要的现金流量的情况下,客户只能依靠扩大贷款规模来解决。

12）注册会计师(会计师事务所)变更、审计报告出现异常

对于变更注册会计师(会计师事务所)的客户,大多是客户与注册会计师在报表编制上出现重大分歧或者注册会计师难以找到相关的审计证据。在这种情况下不应对客户利润的质量作出较高的评价。

13）客户有足够的可供分配的利润,但不进行现金股利分配

如果客户有足够的可供分配的利润,但不进行现金股利分配,不论客户如何解释,首先应当考虑客户没有现金支付能力,或者表明该客户的管理层对未来的前景信心不足。

4.3　利润率指标剖析

盈利能力是客户经营成败的关键。通常可以从以下两个角度分析客户的盈利能力：

一是销售剩余，即从销售收入剩余额角度分析客户各种形式的销售利润，如毛利额、营业利润、净利润等。这种分析集中于利润表项目本身。

二是资产报酬，即从资产利用效率角度，将资产负债表和利润表项目联系起来分析，如总资产报酬率、净资产收益率等。

4.3.1　销售剩余指标剖析

1) 销售毛利率

（1）销售毛利的计算。

销售毛利的计算有绝对数和相对数两种方式。计算公式如下：

$$销售毛利额 = 营业收入 - 营业成本$$

$$销售毛利率 = \frac{销售毛利额}{营业收入} \times 100\%$$

（2）影响销售毛利变动的因素。

① 外部因素。

外部因素主要是指市场供求变动而导致的销售数量和销售价格的升降以及购买价格的升降。

② 内部因素。

内部因素通常包括客户开拓市场的意识和能力，成本管理水平，产品构成决策以及企业战略要求等。

表4-5描述了客户毛利率包含的质量信息，以及相应的关注点。

表 4-5　毛利率包含的质量信息

项目	质量信息	关注点
毛利率较高	（1）客户从事的经营活动可能具有垄断地位	客户所拥有的垄断地位会保持多久
	（2）客户从事的经营活动可能具有较强的核心竞争力	客户长期保持其核心竞争力的能力
	（3）客户从事的经营活动可能由于行业周期性波动原因出现暂时的走高	客户所在行业周期变化规律

(续表)

项目	质量信息	关注点
毛利率较高	(4) 客户可能产大于销、存货积压而引起毛利率提高	客户经营决策是否基于市场需求
	(5) 客户可能在会计处理上，故意选择调高毛利率的手段	注册会计师出具的审计报告意见类型和措辞
毛利率较低	(1) 客户经营的产品的生命周期可能已经到达衰退期。此时，通常会伴随着全行业的毛利率下滑	客户在产品转型、产品开发方面的状况，以及未来盈利模式的变化情况
	(2) 客户经营的产品品牌、质量、成本和价格等在市场上可能没有竞争力	客户的核心竞争力体现在哪些方面，以及有无发展前景
	(3) 客户可能在会计处理上，故意选择调低毛利率的手段	注册会计师出具的审计报告意见类型和措辞

◀))) 提示：

　　销售毛利率指标具有明显的行业特点。一般说来，营业周期短、固定费用低的行业的毛利率水平比较低，比如商品零售行业；营业周期长、固定费用高的行业，则要求有较高的毛利率，以弥补其高额的固定成本，比如重工业企业。

2) 营业利润率

(1) 营业利润率的计算公式。

营业利润率反映客户主要经营活动的盈利能力，是客户盈利能力的重要标志。其计算公式如下：

$$营业利润率 = \frac{营业利润}{营业收入} \times 100\%$$

(2) 影响营业利润率的因素。

影响营业利润率高低的关键因素是营业利润额的大小。营业收入从反方向影响营业利润率，即当营业利润额一定时，营业收入越高，营业利润率越低。这说明，欲提高营业利润率，必须是用等量的营业收入实现更多的营业利润额。

🔊 **提示：**

客户可能因为战略的选择而具有比较高的销售毛利率,但却由于管理效率的问题或者资本结构的问题在营业利润率上失去了已有的优势。因此,从营业利润率本身,我们可以了解客户经营活动的总体盈利水平,而且通过营业利润率与销售毛利率的对比,我们还可以了解客户盈利高低的原因。

3) 销售净利润率

(1) 销售净利润率的计算公式。

销售净利润率是对客户完整的业务环节盈利能力的衡量。在这个业务环节中,不仅包括经营活动,而且包括投资活动和融资活动带来的盈利。其计算公式如下:

$$销售净利润率 = \frac{净利润}{营业收入} \times 100\%$$

(2) 销售毛利率、营业利润率和销售净利润率的比较。

这三个指标都是以销售收入最终实现来衡量企业的盈利能力,三个指标之间的区别只是所衡量的阶段不同。

① 销售毛利率是从客户生产产品的过程来衡量其盈利能力。因为在销售毛利中考虑了销售成本,而所谓销售成本实际上是客户将产品生产出来所花费的成本,因而销售毛利率体现的是生产环节的盈利水平。

② 营业利润率与销售毛利率的差异主要在于客户经营过程中的各项期间费用。因此,销售毛利水平反映客户的基本盈利水平,若销售毛利低,不足以抵偿期间费用,将导致经营活动亏损,表现为"营业利润"为负数。

③ 销售净利润率与其他指标的区别在于,在整个业务环节中,它不仅涉及经营活动,而且包括投资活动和筹资活动带来的盈利。而经营活动与投资活动在某些情况下并没有本质的区别,仅仅是组织形式的差别,所以从某种程度上说,销售净利润率才是客户业务环节整体盈利水平的体现。

4.3.2 资产报酬指标剖析

前面我们从销售剩余的角度来衡量客户的盈利能力,这种方法能够体现客户创造利润的效率,但是不能反映客户为了创造出这么多的利润使用了多少资源,也就是没有考虑投入与产出的对比关系。而投入的多少对我们评价客户的盈利能力是至关重要的。下面介绍以投入资源的多少为基础,衡量盈利能力的财务指标。

1) 总资产报酬率

(1) 总资产报酬率的计算公式。

总资产报酬率是客户一定期间内实现的利润与该时期客户平均资产总额的比率。它是反映客户资产综合利用效果的指标,也是衡量客户总资产获利能力的重要指标。其计算公式如下:

$$总资产报酬率 = \frac{净利润}{总资产平均余额}$$

其中:

$$总资产平均余额 = \frac{期初总资产余额 + 期末总资产余额}{2}$$

(下面各种平均余额的计算类同)

(2) 影响总资产报酬率的因素。

从总资产报酬率的计算公式可知,影响总资产报酬率的因素主要是净利润和资产平均占用额。其中资产平均占用额是总资产报酬率的负影响因素,即在净利润一定的前提下,资产平均占用额越大,总资产报酬率越低。

资产是盈利的物质基础,没有资产的运动,盈利就无从谈起。但是,从某一个特定时点上看,资产占有实际上是资金运动的停滞。无论是资产占用数额的大小还是资产占用结构状况,均会对客户的经营产生非常重要的影响。占用数额的多少直接影响资产的运用效率,而占用结构状况则更具有广泛的影响,不仅影响收益,而且影响客户的经营风险、资产流动性强弱及其弹性大小等。

2) 净资产收益率

(1) 净资产收益率的计算公式。

净资产收益率是立足于投资者的角度来考虑其盈利能力的,因而它是最被投资者关注且对客户具有重大影响的指标。其计算公式如下:

$$净资产收益率 = \frac{净利润}{净资产平均余额} \times 100\%$$

（2）净资产收益率的意义。

投资者投资于企业的最终目的是获取利润,净资产收益率直接关系到投资者权益的实现程度,因而是投资者最关心的问题。

① 通过净资产收益率指标的分析,可以判定客户的投资效益。这将影响到所有者的投资决策和潜在投资人的投资倾向,从而影响着客户的组织方式、投资规模,进而影响客户的发展规模及发展趋势。

② 净资产收益率指标体现了客户管理水平的高低、经济效益的优劣、财务成果的好坏,尤其是直接反映了所有者投资的效益好坏,是所有者考核其投入企业的资本的保值增值程度的基本方式。毫无疑问,该指标值越大,说明投资者投入资本的获利能力越强,因而对投资者越具吸引力。

提示:

净资产收益率是投资者最为关心的内容,这是因为从投资者角度看,净资产(即所有者权益)就是企业的总资产扣除归债权人所有的部分以外,归投资者所有的部分。

净资产收益率体现投资者每向企业投入一元钱能获得的净收益。总资产报酬率则是反映企业综合运用投资者与债权人提供的资金创造利润的能力。

4.3.3　杜邦分析体系

杜邦分析体系是利用多种财务比率间的内在联系,对客户财务状况及经营成果进行综合分析评价的一种方法,如图 4-3 所示。

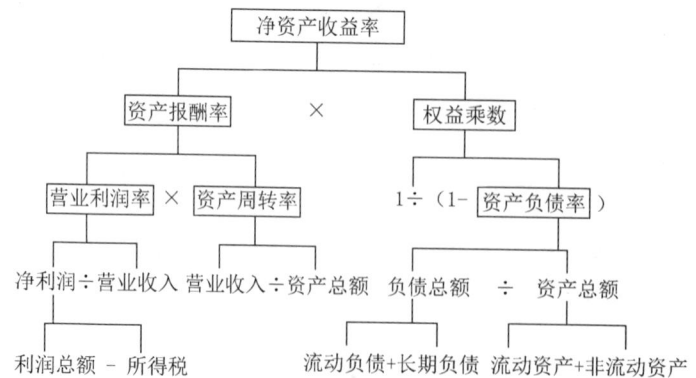

图 4-3　杜邦分析体系

1) 杜邦分析体系的核心比率

从图4-3中可以看出,杜邦财务分析体系以净资产收益率为核心,将其分解为若干财务比率,通过分析各分解比率的变动对净资产收益率的影响来揭示客户获利能力及其变动原因。杜邦分析体系核心比率之间的关系为:

$$净资产收益率 = 总资产净利率 × 权益乘数$$
$$= 营业利润率 × 总资产周转率 × 权益乘数$$

从杜邦分析体系核心比率可以看出,客户要提高净资产收益率的途径:一是要提高资产报酬率;二是要适度负债。

提高资产报酬率的手段主要有两个:一是提高资产周转率;二是提高每次周转的盈利率。

杜邦分析体系核心比率反映了客户的经营战略和财务政策,如图4-4所示。

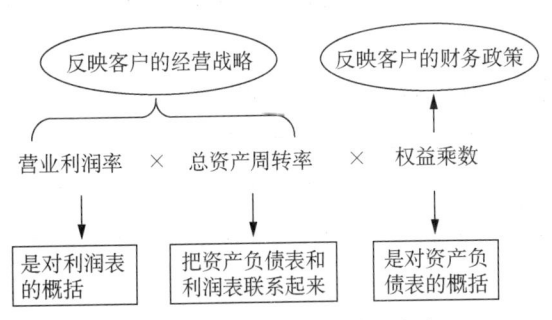

图4-4 杜邦分析体系核心比率

2) 杜邦分析体系的应用

实务中,在运用杜邦分析体系时,可以结合因素分析法、连环替代法等,对客户的财务状况和经营成果作深入了解。

【例4-1】 某客户2019年和2020年相关财务数据如下:

	净资产收益率	=	营业净利率	×	总资产周转率	×	权益乘数
2019年:	4.05%	=	17.73%	×	0.14	×	1.631
2020年:	4.31%	=	19.03%	×	0.15	×	1.511

2019年和2020年的净资产收益率相差0.26%。

下面以2019年的比率作为基准值,运用因素分析法对2020年度的净资产收益率进行分析。

2019 年度比率：$17.73\% \times 0.14 \times 1.631 = 4.05\%$ ①

第一次替代： $19.03\% \times 0.14 \times 1.631 = 4.35\%$ ②

第二次替代： $19.03\% \times 0.15 \times 1.631 = 4.66\%$ ③

第三次替代： $19.03\% \times 0.15 \times 1.511 = 4.31\%$ ④

②－①＝$4.35\% - 4.05\% = 0.30\%$ 营业净利率上升的影响

③－②＝$4.66\% - 4.35\% = 0.31\%$ 总资产周转率上升的影响

④－③＝$4.31\% - 4.66\% = -0.35\%$ 权益乘数下降的影响

$0.30\% + 0.31\% - 0.35\% = 4.31\% - 4.05\% = 0.26\%$

3) 资产报酬率的使用与解释中的问题

关于资产报酬率的主要问题是所用资产的定义可以变动，同样分子上的利润数也可变动。

如果客户的资产不是以现行价格来计量，那么资产报酬率在评价效率时可能会被误导。

资产投资通常会导致初始几年的回报较低，因此长期项目的投资在短期内会歪曲资产利润率的计算。

【例 4-2】 某客户计划投资一台新机器，将花费 1 000 万元人民币，使用年限为 5 年，无残值。5 年使用期内，这台机器考虑折旧之后每年产生 100 万元利润。

$$年折旧额 = 1\,000 \div 5 = 200(万元)$$

5 年内机器每年的资产利润率计算如表 4-6 所示。

表 4-6　5 年内机器每年的资产利润率

时间	机器账面净值	资产利润率
第 1 年年末	$1\,000 - 200 = 800$	$100 \div 800 = 12.5\%$
第 2 年年末	$800 - 200 = 600$	$100 \div 600 = 16.7\%$
第 3 年年末	$600 - 200 = 400$	$100 \div 400 = 25\%$
第 4 年年末	$400 - 200 = 200$	$100 \div 200 = 50\%$
第 5 年年末	$200 - 200 = 0$	无穷大

这个简单的例子说明了随着资产账面净值的减少，同样利润水平下的资产利润率越高。因此，新的资本投资短期内会压低资产利润率。如果资产被低估，资产利润率就会被误导为水平很高。

学以致用

➡ 问题与解答

1. 销售一批货物预收的货款或定金，能不能确认为收入？收入与收款相同吗？

答：预支的货款或定金不能确认为收入。

收入与收款是两个不同的概念。

（1）取得收入可以没有现金流入，如赊销、以物易物、以旧换新等。

（2）现金流入可能不产生收入，如预收货款、收取定金、受托代购款项、代收款项等。

2. 什么是公允价值变动收益？

答：举个例子，如果某客户年初每股 15 元购入的股票，年底涨到每股 23 元了。这 8 元就是每股利润，也就是公允价值变动收益。（请注意：仅仅因为股票价格上涨，客户利润表中的营业利润就增加了，这种利润是不是虚假的？且此时由于该股票没有抛售，根本就没有现金的流入。）

➡ 练习与思考

1. 根据表 4-7 的数据，计算表中两家公司 2020 年的总资产净利率、营业利润率、资产周转次数如表 4-8 所示。

表 4-7　两家公司的相关数据

单位：万元

项目	高级食品公司	打折食品公司
销售额	200	1 275
净利润	40	65
资产总额	332	540

表 4-8　两家公司的相关比率

项目	高级食品公司	打折食品公司
总资产净利率	40/332＝12.04％	65/540＝12.04％
销售利润率	40/200＝20％	65/1 275＝5.1％
资产周转次数	200/332＝0.602(次)	1 275/540＝2.361(次)

两家公司的总资产净利率相近,都是约 12.04％。由于两家公司业务相同,因此我们会希望它们在同类风险下获取相同水平的回报。你能够看出这两家公司各通过哪些不同的途径获得总资产净利率吗?

2. 根据杜邦分析体系图层层分解,请将下列经营资产报酬率公式作变形处理。你能通过变形处理或关系式说明如何提高经营资产报酬率吗?

$$经营资产报酬率 = \frac{核心利润}{平均经营性资产}$$

➡ 案例与评析

利润与现金孰重孰轻

某上市公司 2020 年的销售额是 4.19 亿元,比 2019 年增长 9.96％;净利润是 4 736 万元,增长 41.13％,每股收益 0.40 元。2020 年年末收盘价为 9.70元。

从该公司对外公布的利润表和现金流量表可以看到,该公司 2019 年的净利润是 3 356 万元,经营活动现金净流量是－3 585 万元;2020 年的净利润是 4 736 万元,经营活动现金净流量是－4 410 万元。

2019 年年末,该公司共有股东人数 18 085 户,人均持股 2 212 股;10 大股东中机构投资者共计持股 749 万股。到了 2020 年年末,该公司共有股东 36 089 户,人均持股 1 108 股,仅剩下 2 家机构投资者,共计持股 42 万股。

试从利润与现金的角度评析该公司出现的问题。

评析:

如果仅从利润表数据看,该公司的经营业绩相当不错。市盈率不高,成长性也很好。光从这一点看,该公司是一家好公司。

进一步分析发现,它只有利润没有现金,或者说,它没有能力把利润转化为现金。

到了 2020 年年末,一些机构投资者纷纷从该公司实现大规模撤退,或许他们早就看出报表中所隐含着的深层次问题。

只有利润没有现金的富翁不是真正的富翁!

第 5 章
现金流量表信息调查

■楔子：

照片与录像展播的纽带

　　评价一家企业最重要的两个角度，一是存量——家底厚不厚；二是流量——盈利够不够。这两个角度在财务上就叫作财务状况和经营成果，由资产负债表和利润表分别反映。但是，资产负债表无法解释财务状况形成的原因，利润表不能回答经营成果是否带来了现金。现金流量表则弥补了资产负债表和利润表的不足，能够反映客户在一定期间内取得和使用现金的原因和过程，是客户存量照片和流量录像同时展播的纽带。

核 心 知 识

5.1　现金流量表信息调查的内容

5.1.1　为什么要调查客户的现金流量

1）利润不能直接偿还贷款

　　客户信息调查的核心是判断贷款的风险程度，即借款人偿还贷款的可能性有多大，还款能力如何。那么，如何衡量借款人的还款能力呢？一般来说，客户盈利比亏损偿还银行贷款的可能性大。但是，客户盈利是不是一定能还款呢？而亏损是不是就一定不能还款呢？事实上，一家盈利企业可能因不能偿还到期贷款而被迫破产，而一家亏损企业因能偿还到期债务而能维持经营。为什么呢？因为前者虽然赚了钱但没有现金,而后者虽然没有赚钱但有现金。

【例 5-1】 相城公司 2020 年损益情况如下(单位:万元):

营业收入		200 000(赊销)
减:营业成本(不含折旧)	90 000	
折旧费用	30 000	
销售和管理费用等	20 000	140 000
税前利润		60 000
减:所得税(25%)		15 000
税后利润		45 000

经计算,相城公司 2020 年现金流量情况如下:

现金流入 = 0

现金流出 = 90 000 + 20 000 + 15 000 = 125 000(万元)

现金净流量 = 0 - 125 000 = -125 000(万元)

可见,尽管该公司 2020 年获得 45 000 万元利润,但现金净流量为负数。

【例 5-2】 相城公司 2020 年损益情况如下(单位:万元):

营业收入		200 000(现销)
减:营业成本(不含折旧)	130 000	
折旧费用	30 000	
销售和管理费用等	50 000	210 000
税前利润		-10 000

经计算,相城公司 2020 年现金流量情况如下:

现金流入 = 200 000(万元)

现金流出 = 130 000 + 50 000 = 180 000(万元)

现金净流量 = 200 000 - 180 000 = 20 000(万元)

可见,尽管该公司 2020 年亏损,但获得现金净流量 20 000 万元。

由此看来,利润是偿还贷款的来源,但不能直接偿还贷款;偿还贷款最可靠的是现金,贷款人直接关心的应该是借款人的现金流量。在客户信息调查中必须分析借款人的现金流量。

2) 权责发生制导致利润与现金流量的差别

利润表反映了客户的销售收入、销售成本和利润等。但是,这些项目的确认和核算是以权责发生制为基础的,利润表中的数据并不与实际的现金流入或流出一致,而现金流量表中的数据是按收付实现制计算的。现举例说明。

【例5-3】 蕴祺公司2020年销售200 000元的产品,那么,其销售收入是200 000元。但是,销售商品所得的现金不一定是200 000元。在相关报表中的反映如下:

(1) 如果2020年全部是现货销售:

利润表项目:	"营业收入"	+200 000
资产负债表项目:	"货币资金"	+200 000
现金流量表项目:	"销售商品收到的现金"	+200 000

(2) 如果2020年全部是赊销:

利润表项目:	"营业收入"	+200 000
资产负债表项目:	"应收账款"	+200 000
现金流量表项目:	"销售商品收到的现金"	0

(3) 如果2020年40%是现货销售,60%是赊销:

利润表项目:	"营业收入"	+200 000
资产负债表项目:	"应收账款"	+120 000
	"货币资金"	+80 000
现金流量表项目:	"销售商品收到的现金"	+80 000

(4) 如果蕴祺公司不仅收回了2020年度发生的全部销售收入,而且还收回了2019年度的应收账款100 000元:

利润表项目:	"营业收入"	+200 000
资产负债表项目:	"应收账款"	−100 000
	"货币资金"	+300 000
现金流量表项目:	"销售商品收到的现金"	+300 000

由此看来,实现的利润并不等于收到的现金。本年度利润表中列示的营业收入可能大于、等于或小于现金流量表中列示的销售商品收到的现金。这是由于会计准则要求企业根据权责发生制进行核算。

权责发生制准确核算了利润,但使得利润产生了风险,因为其中有的收入还尚未收到现金,同时有的支出还尚未支付现金。为了更准确地判断客户的现金流量,需要将客户的利润调整为现金。

5.1.2 现金流量的类别

在现金流量表中,一般按照经济业务发生的性质将客户一定期间内产生的现金流量归为三类,如图 5-1 所示。

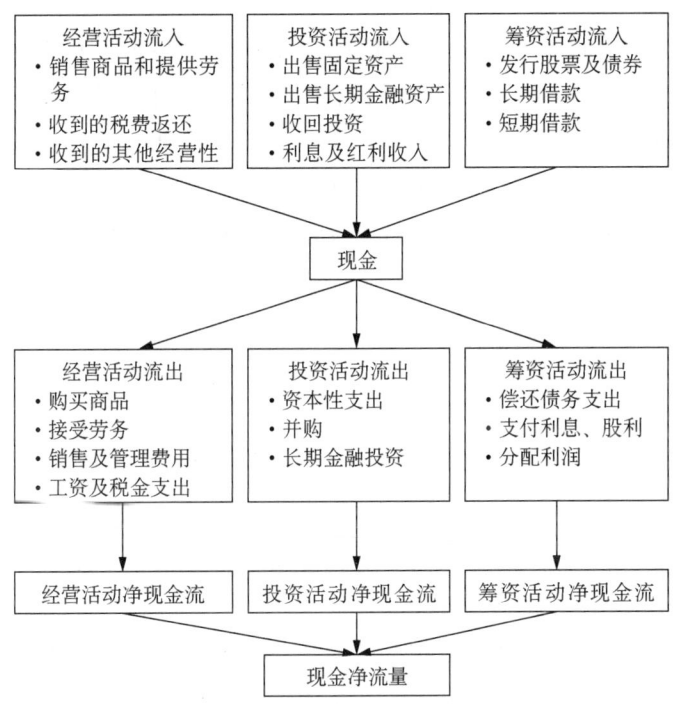

图 5-1 现金流量的类别

5.1.3 现金流量表信息调查的基本内容

现金流量表信息调查的基本内容概括起来是回答以下三个问题。

1) 客户现金从何而来

现金流量表首先要回答的是客户本期所取得的现金来自何方。比如,某客户当年共取得现金 40 万元,这 40 万元现金中有多少是经营活动得来的,又有多少是通过投资活动和筹资活动得来的。而经营活动所取得的现金中,又有多少是通过销售商品、提供劳务取得的。

2) 客户现金用于何方

比如,某客户当年现金支出 60 万元,这 60 万元中有多少用于经营活动,又有多少用于投资活动和筹资活动。用于经营活动的现金中,有多少用于购买货物,又有多少用于缴纳税金、支付工资等。

3) 现金余额发生了什么变化

现金流量表除了反映现金从何而来、用于何处外,还反映本期现金余额的增减变化。比如,某客户当年收到现金 80 万元,当年现金支出 70 万元,全年收支相抵后,现金增加了 10 万元。这 10 万元净增加的现金中,有多少是经营活动取得的,有多少是投资活动或筹资活动取得的。

以上三个问题是现金流量表信息调查的基本内容。当然,除了上述三个问题外,现金流量表还包括其他有关内容,如在补充资料中要反映不涉及现金的投资活动和筹资活动等。

◄))) 提示:

有些涉及投资和筹资活动的业务,如用固定资产对外投资,尽管不涉及当期的现金收支,却会对以后各期的现金流量产生影响。这些影响客户资产或负债但不形成该期现金收支的所有投资或筹资活动的信息,都应该在补充资料中记录。

不涉及当期现金流量的投资和筹资活动的主要业务有:以固定资产偿还债务或对外投资、融资租赁固定资产、接受非现金资产捐赠等。

5.1.4 资产负债表和利润表与现金流量的关系

1) 资产负债表项目与现金流量的关系

要确定资产负债表中某项目变动引起的是现金流入还是现金流出,一般来说,以下规则成立:非现金资产的增加意味着现金减少,如用现金购买存货或固定资产;非现金资产的减少意味着现金增加,如收回应收账款或长期投资。

同理,负债增加会发生现金增加,如取得借款或发行债券;负债的减少则会引起现金减少,如偿还应付账款或银行贷款。

所有者权益的增加意味着现金增加,如增加注册资本;所有者权益减少则意味着现金减少,如减少注册资本。概括起来如表 5-1 所示。

表 5-1　资产负债表项目与现金流量的关系

项 目	增加	减少
非现金资产	现金流出	现金流入
负债和所有者权益	现金流入	现金流出

2) 利润表项目与现金流量的关系

由于收入和费用在利润表中全额反映,而其中收入中未收到的现金和费用中未支付的现金表现为资产负债表中有关项目的变动(变动数＝期末余额－期初余额),如应收账款的增加和应付账款的减少等,因此,利润表中收入、费用与现金流入、现金流出的关系如下:

$$收入－非现金资产增加额 ＝ 现金流入$$
$$成本－负债增加额 ＝ 现金流出$$

【例 5-4】　某客户 2020 年年末财务报表中相关项目数据如表 5-2 所示。要求分析,为什么净利润是 5 910 万元,经营活动现金净流量却是 －3 767 万元?

表 5-2　某客户 2020 年财务报表相关数据

单位:万元

项 目	金 额
净利润	5 910
折旧和摊销	2 984
利息费用等	136
应收账款增加	－3 339
存货增加	－7 006
预付费用减少	295
应付账款减少	－1 051
应计负债减少	－1 696
经营活动现金净流量	－3 767

从表 5-2 中可以看出，应收账款和存货增加使现金减少 10 345 万元
（3 339＋7 006）；应付账款和应计负债减少，使现金减少 2 747 万元（1 051＋
1 696）；预付费用减少，使现金增加 295 万元；折旧和摊销使当期利润减少，但
对现金增减没有影响；利息费用属于筹资活动。因此：

经营活动现金净流量 ＝ 5 910－10 345－2 747＋295＋2 984＋136 ＝－3 767（万元）

5.2　现金流量质量查证

5.2.1　现金流量八大类型

客户经营活动、投资活动和筹资活动产生的现金流量之间的关系，因行
业特点、企业成熟度等而异。从现金净流量的构成中，我们往往可以得到很
多有价值的信息。下面，我们将现金净流量的构成情况分为 8 种类型，如表
5-3 所示。表中的"＋"号表示该类现金净流量为正，并且数额较大；"－"号表
示该类现金流量为负，并且数额较大。

表 5-3　现金流量类型及分析

类型	经营活动现金流量	投资活动现金流量	筹资活动现金流量	原因分析
（1）		＋	＋	如果投资活动的现金主要来自投资收益，则客户经营和投资效益状况良好。这时仍然进行筹资，如果没有好的投资机会，可能造成资金的浪费。如果投资活动现金流量主要来自投资项目的处置、收回，则另当别论
（2）	＋	＋	－	如果投资活动的现金主要来自投资收益，则客户经营和投资活动进入良性循环阶段。筹资活动虽然进入偿还期，但财务状况尚比较安全，一般不会发生债务危机。如果投资活动现金流量主要来自投资项目的处置、收回，则另当别论
（3）		－	＋	客户经营状况良好。在内部经营稳定进行的前提下，通过筹集资金进行投资，往往是处于扩张时期，应注意分析投资项目的盈利能力及可行性
（4）		－	－	客户经营状况良好。一方面在偿还以前债务，另一方面又要继续投资。应关注经营状况的变化，防止经营状况恶化导致财务状况恶化

（续表）

类型	经营活动现金流量	投资活动现金流量	筹资活动现金流量	原因分析
（5）		＋	＋	经营活动创造现金的能力较差,主要依靠借债维持生产经营的需要。应着重分析投资活动现金净流入是来自投资收益还是收回投资,如果是后者则形势严峻
（6）		＋	－	经营活动已经发出危险信号。如果投资活动现金流入主要来自收回投资,则已经处于破产的边缘,需要高度警惕
（7）	－	－	＋	客户依靠借债维持日常经营和生产规模的扩大,财务状况很不稳定。假如是处于投入期的客户,一旦渡过难关,还有可能发展;假如是处于成长期或稳定期的客户,则非常危险
（8）		－	－	客户财务状况非常危险。这种情况往往发生在高速扩张时期,由于市场变化导致经营状况恶化,加上扩张时投入了大量资金,客户陷入进退两难的境地

上述分类可以作为现金流量分析、判断的一般性的参考。

"一般性的"的内涵是:有关的分类说明建立在固定资产投资是投资现金的主要用途这一假设上。如果投资现金流量的主要内容是证券投资,则客户的状况将不同于上述分类所示。例如,类型（3）中客户在整顿清理时的清理内容为证券投资,则不反映客户经营状况的不良;同样,类型（6）的投资内容若为证券投资,则不反映客户将来创造能力的高低。总之,具体分析时应该参考其他财务数据和信息综合评价现金流量的变动,不可以生搬硬套。

5.2.2　客户现金创造能力与营运资金的关系

客户的现金创造能力和营运资金关系密切。我们可在此基础上识别客户的偿债能力,以及是否对净利润和现金流进行了操控。表 5-4 是某上市公司连续三年年营运资金账户的增减表。

表 5-4　年营运资金账户增减表

单位:元

项　目	第 1 年	第 2 年	第 3 年	合　计
经营性应收项目增减	−1 698 353 871	639 766 907	1 626 993 525	568 406 561
存货的增减	−240 991 072	−312 116 747	1 274 018 233	720 910 414
待摊费用增减	−12 312 478	2 517 442	−3 078 381	−12 873 417
经营性应付项目的增减	−370 523 319	1 282 556 394	−567 476 618	344 556 457
预提费用增减	71 628 717	−65 178 596	64 803 382	71 253 503
其他	2 896 207	181 076 199	—	183 972 406
营运资金的增减	−1 655 659 026	−1 068 286 395	3 400 606 613	676 661 192
	现金流上升		现金流下降	
净利润	274 236 481	84 028 014	176 202 704	534 467 199
现金及现金等价物净增加额	−438 365 010	121 719 082	−640 396 546	−957 042 474

　　由表 5-4 可见,营运资金的减少会使利润减少,现金流上升;营运资金的增加会使利润增加,现金流下降。

🔊 提示:

　　一般情况下,成长顺利的企业营运资金账户(如存货、应收账款、应付账款、其他经营性债务等)应该是增加的。但是,营运资金账户的变动形式不是一成不变的。应收账款的提前回收、存货管理的改善等可以使得应收账款和存货余额减少。如果所有营运资金账户都朝着增加经营现金流量的方向变动时,需要引起特别注意,因为这种现象很少发生,很有可能是客户人为操纵的结果。换言之,这种现象有可能意味着客户操纵营运资金账户,以隐蔽其现金流量处于危机状态的事实。

　　另外,净利润和现金流量之间差距不仅受制于营运资金变动,而且还受制于资产准备的计提、固定资产折旧和无形资产摊销的处理。这些调整项目一旦被管理层操控,便有可能歪曲利润。所以,分析盈利能力一定要关注现金流量表附注中经营活动现金流量的间接法计算。

5.2.3　现金流出顺序与现金流量质量

下面从实务的角度分析客户现金流出的顺序及其引起的现金流量质量，如表 5-5 所示。

表 5-5　现金流出顺序

单位:元

销售收入	160 000
-应收账款的增加	14 500
1. 销售商品收到的现金	145 500
-销售成本	64 000
+应付账款的增加	7 500
-存货的增加	9 000
2. 交易活动得到的现金	80 000
-销售费用	6 000
-管理费用	60 000
3. 运营所得到的现金	14 000
-支付的所得税	13 000
4. 运营活动后剩余的净现金	1 000
-分配股利所支付的现金	14 600
5. 扣除筹资成本后剩余的现金	-13 600
+收回投资所收到的现金	2 000
+处置固定资产、其他长期资产收到的现金净额	13 000
-购置固定资产支付的现金	1 000
-支付的其他现金	4 500
6. 筹资需求	-4 100
+借款收到的现金	4 600
7. 现金流量净额(余额)	500

从表 5-5 中,我们可以看到:

(1) 销售收入在扣除应收项目之后得到"销售商品、提供劳务收到的现金"。

(2) 为了满足正常的生产和经营,"销售商品、提供劳务收到的现金"扣除销售成本后,还要考虑存货、应付账款的变化,得出"从交易活动得到的现金"。

（3）除了直接成本外，客户还必须支付销售费用、管理费用等间接成本，因此"从交易活动得到的现金"首先要扣除这些成本，得出"营运所得到的现金"。

（4）以上是主营业务引起的现金流量，再加上其他业务的现金收支，扣除缴纳的所得税，得到"营运活动后剩余的净现金"。

（5）此时，客户需要支付筹资成本，包括利息和股利。

（6）接下来的现金流出应该是偿还到期贷款，以免出现支付危机而面临清算。

（7）为了满足再生产的需要，剩余的现金要用来购置长期资产，如固定资产、专利技术和长期投资等。

（8）如果现金不足，客户就要对外筹资。

（9）最后，得出现金流量净额（剩余或不足）。

5.2.4　现金流量质量定性评价

现金流量质量定性评价就是要通过分析客户的现金流量，得出与其经营管理、资产转换循环、生产、分配有关的结论。

【例5-5】　群利公司2020年度现金流量表如表5-6所示。

表5-6　群利公司2020年度现金流量表（简表）

单位：万元

项　目	金　额
一、经营活动产生的现金流量：	
销售商品、提供劳务收到的现金	145 500
购买商品、接受劳务支付的现金	65 500
支付的各项税费	13 000
支付其他与经营活动有关的现金	66 000
经营活动产生的现金流量净额	1 000
二、投资活动产生的现金流量：	
收回投资收到的现金	2 000
处置固定资产、无形资产和其他长期资产收回的现金净额	13 000
购建固定资产、无形资产和其他长期资产支付的现金	1 000

（续表）

项目	金额
支付其他与投资活动有关的现金	4 500
投资活动产生的现金流量净额	9 500
三、筹资活动产生的现金流量：	
取得借款收到的现金	4 600
分配股利、利润或偿付利息支付的现金	14 600
筹资活动产生的现金流量净额	−10 000
现金及现金等价物净增加额	500

根据表 5-6 及相关明细账的查阅，对群利公司现金流量质量分析如下。

1) 资产转换循环处在产品更新换代阶段

群利公司目前正在进行产品的更新换代，即一个完整的资产转换循环即将结束。主要的依据是：

(1) 在投资活动中，该公司处置了 13 000 万元的固定资产，同时新购置了 1 000 万元的固定资产。此外，还收回长期投资 2 000 万元。

(2) 在筹资活动中，向银行借款 4 600 万元。

(3) 在经营活动购买商品支付的现金中，存货比去年增加了 9 000 万元（从资产负债表中获得），以满足产品更新的需要。

此处需要注意的是，该公司在 2020 年增加存货 9 000 万元，以满足产品更新的需要，问题在于资本投资尚未完成就如此大批量地增加存货，过多地占用现金是否合适。另外，还应该考察新的原材料供应商与该公司的业务关系，以了解该公司能否顺利地实现新一轮的资产转换循环。

2) 发生的费用过高

在经营活动产生的现金流量中，群利公司支付的其他现金太多。经查，其中管理费用为 60 000 万元。如果剔除将要进行产品更新而需要的管理费用外，这说明该公司管理人员过剩或管理费用超支。

3) 股利分配过多

在筹资活动产生的现金流量中，该公司股利分配太多。那么，是什么原因产生的呢？可能是为了有更好的市场表现以吸引更多的投资者，但是这一积极作用能否抵补因过多分配而减弱的再投资能力,还需要进一步分析。

5.2.5　现金流量质量定量评价

现金流量质量定量评价的方法,主要有结构分析和比率分析。

1) 结构分析

所谓结构分析,即分析在某一时期的现金流量中,经营活动、投资活动和筹资活动的现金流入、流出及其各个项目占现金流入总量和现金流出总量的比例。例如:

$$经营活动现金流入结构 = 经营活动现金流入量 \div 现金流入总额$$
$$投资活动现金流入结构 = 投资活动现金流入量 \div 现金流入总额$$
$$筹资活动现金流入结构 = 筹资活动现金流入量 \div 现金流入总额$$

2) 比率分析

(1) 收益质量指标。

① 净收益营运指数。

$$净收益营运指数 = \frac{经营净收益}{净收益} = \frac{净收益 - 非经营净收益}{净收益}$$

【例 5-6】 假定相城公司列示在现金流量表的"补充资料"如表 5-7 所示。

表 5-7　现金流量表补充资料及分析

单位:元

项目	金额	收益质量分析
净利润	237 901	
加:计提的资产损失准备	900	没有支付现金的费用,共260 900 元。少提取这类费用,因为增加收益却不增加现金流入,会使收益质量下降
固定资产折旧	100 000	
无形资产摊销	60 000	
待摊费用减少(减增加)	100 000	
处置固定资产等长期资产损失(减收益)	−50 000	非经营净收益 40 300 元,不代表正常的收益能力
固定资产报废损失	19 700	
财务费用	21 500	
投资损失(减收益)	−31 500	

（续表）

存货的减少(减增加)	5 300	经营性应收项目增加100 000元,收益增加而现金流入没有增加,收益质量在下降,应查明其原因
经营性应收项目的减少(减增加)	−100 000	
经营性应付项目的增加(减减少)	17 344	
其他	0	
经营活动产生的现金流量净额	381 145	

经营活动净收益 ＝ 净收益 − 非经营净收益 ＝ 237 901 − 40 300 ＝ 197 601(元)

净收益营运指数 ＝ 197 601 ÷ 237 901 ＝ 0.83

通过净收益营运指数的历史比较和行业比较,可以评价客户的收益质量。

② 现金营运指数。

$$现金营运指数 ＝ \frac{经营活动现金净流量}{经营所得现金}$$

其中：　　经营所得现金 ＝ 净收益 − 非经营净收益 ＋ 非付现费用

【例 5-7】 承[例 5-6],相城公司经营所得现金为 458 501 元(197 601 ＋ 260 900)。现金营运指数为 0.83(381 145 ÷ 458 501)。

现金营运指数小于1,说明收益质量不够好。该企业每 1 元的经营活动现金收益,只收回 0.83 元,另外的 0.17 元到哪里去了? 它们被投入营运资金了,应收款增加、应付款减少、存货增加等使实际得到的经营现金减少。这种情况不是一个好兆头。

首先,现金营运指数小于1,说明一部分收益尚没有取得现金,停留在实物或债权形态。而实物或债权资产的风险大于现金,应收账款能否足额变现是有疑问的,存货也有贬值的风险,所以未收现的收益质量低于已收现的收益质量。

其次,现金营运指数小于1,说明营运资金增加了,反映企业为取得同样的收益占用了更多的营运资金,取得收益的代价增加了,同样的收益代表着较差的业绩。

(2)偿债质量指标。

① 到期债务偿付率。

$$到期债务偿付率 = \frac{经营活动现金净流量}{当年到期的债务总额}$$

该指标能够反映客户在某一会计期间每1元到期的负债有多少经营现金流量净额来补充。经营现金流量是偿还企业债务的真正来源,因此,该指标越高,说明企业偿还到期债务的能力越强。该指标克服了流动比率和速动比率只能反映企业在某一时点上的偿债能力的缺陷,因此具有广泛的适用性。

② 现金比率。

$$现金比率 = \frac{现金净流量}{流动债务}$$

该指标是所有偿债指标(如资产负债率、流动比率、速动比率)中最直接的指标,它能准确真实地反映出现金及现金等价物对流动负债的担保程度。当指标大于或等于1时,说明客户即期债务可以得到顺利偿还,比率越高担保程度越高;反之,说明偿债能力较弱。

③ 债务偿还期。

$$债务偿还期 = \frac{负债总额}{经营活动现金净流量}$$

该指标说明在目前客户营业活动创造现金的水平下,客户偿还其所有债务所需的时间。但从经营中所获得的现金应是客户长期资金的主要来源。

5.3　现金流量与贷款风险分类

在调查客户贷款风险中,我们不仅要掌握客户的现金流量状况,更重要的是,通过进一步分析得出与贷款风险分类密切相关的信息。

5.3.1　与贷款风险分类相关的信息

根据客户的现金流量,如何进行贷款风险分类呢? 一般来说在贷款风险分类前我们要回答三个问题,如图5-2所示。

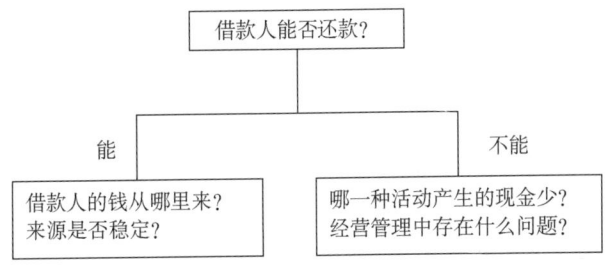

图 5-2　与贷款风险分类相关的信息

5.3.2　根据不同的借款人确定分析起点和重点

1）不同行业或处于资产转换循环不同阶段的客户现金流量的特点

现以制造业为例,说明在资产转换循环的不同阶段,客户现金流量的不同特点。

(1) 开发新产品或引进新生产线。

此时,借款人不仅没有销售,而且要为购买设备、原材料等支付现金。这时现金流量的特点如下:

经营活动产生的现金净流量<0。

投资活动产生的现金净流量<0。

筹资活动产生的现金净流量>0。

(2) 新产品上市或新生产线投入生产。

此时,借款人开始有了销售收入。但是,一方面,为了扩大销售和增加市场份额,会产生较多的应收账款;另一方面,由于与原材料供应商尚未建立长久的业务关系,应付账款会较少。销售所得现金可能还不足以支持销售所付现金,另外在这一阶段,往往仍然要增加资本投资。这时现金流量的特点如下:

经营活动产生的现金净流量≤0。

投资活动产生的现金净流量<0。

筹资活动产生的现金净流量>0。

投资活动现金净流量负数的大小取决于扩大再生产的速度。借款人在这一阶段仍然有外部融资的需求,故现金净流量为正数。

(3) 产品处于成熟阶段。

此时,借款人的市场份额趋于稳定,经营活动产生的现金净流量稳步增

长,投资活动不再需要现金支出,开始偿还开发期和成长期的贷款。这时现金流量的特点如下:

经营活动产生的现金净流量>0。

投资活动产生的现金净流量>0。

筹资活动产生的现金净流量<0。

(4)产品进入衰退期。

此时,借款人撤出市场阶段,销售下降,借款人经营活动产生的现金净流量逐渐减少(甚至为负);同时出售设备等固定资产,以偿还到期债务贷款。这时现金流量的特点如下:

经营活动产生的现金净流量>0 或者<0。

投资活动产生的现金净流量>0。

筹资活动产生的现金净流量<0。

2) 确定分析起点和重点

下面仍以制造业为例加以说明。

(1)开发新产品或引进新生产线。

经营活动产生的现金净流量:不需关注。

投资活动产生的现金净流量:关注现金流出,分析现金流出是否满足资本循环的需要,以及能否有效地支持经营循环。

筹资活动产生的现金净流量:关注现金流入,分析其在金额和期限上是否合理,以判断借款人还款的可能性有多大。

以上关注点都会影响借款人未来的现金流。

(2)新产品上市或新生产线投入生产。

经营活动产生的现金净流量:关注营运资金投资是否合理,借款人是否最大限度地减少应收账款和存货,扩大应付账款,并从销售中获得现金。

投资活动产生的现金净流量:关注现金流出是不是在借款人充分利用现有设备后发生的。

筹资活动产生的现金净流量:关注筹资活动产生的现金是否是资本循环引起的。

(3)产品处于成熟阶段。

经营活动产生的现金净流量:关注是否最大限度地产生现金。

投资活动产生的现金净流量:不需关注。

筹资活动产生的现金净流量:关注现金流出是否合理,是否过多地分配了股利而影响了偿还贷款。

以上关于借款人资产转换循环阶段现金流量的粗略分析,一方面为我们进行定量的、具体的分析奠定了基础;另一方面提供了借款人的一些信息和定性的贷款评级理由。

5.3.3　根据现金流量判断借款人能否还款和还款来源来确定贷款档次

1) 从总量上分析得出初步结论

(1) 如果未来的现金净流量为正,借款人能够偿还贷款。

现金净流量为正意味着现金流入大于现金流出,即三种活动产生的现金收入足以支持三种活动所需的现金支出,而偿还贷款属于融资活动中现金流出的一部分,所以这种情况下的借款人能够偿还贷款。

但是,我们还需要调查确定还款来源,即借款人将来是用正常经营活动产生的现金来还款,还是要通过出售证券投资来还款;是向其他银行借钱还款,还是出售无形资产、设备还款。

(2) 如果现金净流量为负,借款人不一定不能还款。

现金净流量为负只意味着现金流入总量小于现金流出总量,即现金流入不能满足全部的现金流出,但是偿还贷款只是现金流出的一部分,所以借款人有可能能够偿还贷款。由此看来,当现金净流量为负时,借款人能否偿还贷款还需要作进一步调查。

2) 从结构和现金流出顺序分析判断借款人能否还款和还款来源

现金流量产生于经营活动、投资活动和筹资活动,现金流出顺序直接影响还款,所以在总量分析之后,我们还要进行结构和现金流出顺序分析,以判断借款人能否还款和还款来源。具体讨论如表 5-8 所示。

表 5-8　从结构和现金流出顺序判断还款来源

经营活动现金流状况	投资活动获得现金流状况	还款来源
经营活动现金净流量＞0	投资活动现金净流量＞0	经营活动、投资活动、筹资活动
	投资活动现金净流量＜0	经营活动、筹资活动

(续表)

经营活动现金流状况	投资活动获得现金流状况	还款来源
经营活动现金净流量＜0	投资活动现金净流量＞0	投资活动、筹资活动
	投资活动现金净流量＜0	筹资活动

3) 确定贷款档次

假定不考虑其他因素,单就现金流量的特征而言,贷款档次的确定如表5-9所示。

表5-9　贷款档次的确定

现金流量特征	贷款档次
借款人用经营活动产生的现金还款,而且现金流量稳定	正常
借款人用经营活动产生的现金还款,但是现金流量在减少	关注
借款人不能用经营活动产生的现金还款,而要通过出售证券投资或减少固定资产维修、更新、技术改造现金支出,甚至对外融资还款	次级
对外融资产生的现金流入仍不足以还款	可疑
出售无形资产、固定资产产生的现金,甚至转让股份所得现金仍不足以还款	损失

🔊 提示:

在信贷客户调查中,通过客户的现金流量表,我们可以得出关于客户目前的现金流量状况以及还款情况,但是现金流量表对确保客户不会在将来陷入财务危机,没有太大的意义。因为与客户有关的内外部因素都在变化,都是变量,最终会影响客户未来现金流量。比如,销售增加8％,费用开支增加5％,其现金流量会如何变化呢? 因此应对客户的现金流量进行预测。具体预测方法与步骤如下:

(1) 根据历史数据,分析影响客户前期现金流量的主要因素及其影响程度。

(2) 分析影响客户前期现金流量因素的发展变化,以确定影响客户未来现金流量的因素。

(3) 确定各因素对客户未来现金流量的影响程度的大小。

(4) 根据现金流量模型,得出未来现金流量。

学 以 致 用

问题与解答

1. 为什么非经营收益越多,收益质量越差呢?

答:与经营收益相比,非经营收益的可持续性低。非经营收益的来源主要是资产处置和证券交易。资产处置不是企业的主要业务,不反映企业的核心能力。有些企业正是利用"资产置换"达到操纵利润的目的。通过短期证券交易获利是靠运气,而长期对外投资的主要目的是控制子企业,通过控制权取得额外的好处,而不是直接获利。因此,非经营收益虽然也是"收益",但不能代表企业的收益"能力"。

2. 用"净利润+折旧"估算经营活动现金流量,近似程度有多大?

答:在实际的贷款分析中,可以用"净利润+折旧"估算经营活动现金流量,其近似程度计算分析如下。

假设某客户某年净利润 20 000 万元,折旧 2 000 万元,营运投资 16 000 万元,其他:处置固定资产收到的现金 5 000 万元。

$$\frac{营运}{投资} = \left(\frac{应收}{账款} + 存货 + \frac{其他}{应收款} + \frac{预付}{费用}\right) - \left(\frac{应付}{账款} + \frac{应付}{票据} + \frac{应付}{费用}\right)$$

营运投资增加,现金流出;营运投资减少,现金流入。

方法一:经营活动现金流量=净利润+折旧=20 000+2 000=22 000(万元)

方法二:经营活动现金流量=净利润+折旧-营运投资增加额=20 000+2 000-16 000=6 000(万元)

方法三:经营活动现金流量=净利润+折旧-营运投资增加额-其他=20 000+2 000-16 000-5 000=1 000(万元)

由此看来:

当其他因素非常小时,可以用净利润加折旧再扣除营运投资增加额来估算经营活动现金流量。

当营运投资增加额和其他因素很小时,可以用净利润加折旧来估算经营活动现金流量。

➡️ **练习与思考**

1. 某企业本期销售收入为 5 000 万元,期初应收账款余额为 2 000 万元,期末应收账款余额为 3 000 万元;本期销售成本为 3 000 万元,期初应付账款余额为 1 500 万元,期末应付账款余额 2 100 万元。若其他因素不考虑,则本期销售商品收到的现金是多少? 本期销售商品收到的现金是多少?

2. 某公司 2020 年有关资料如下:

(1) 当期销售商品 100 000 万元;应收账款期初余额 20 000 万元,期末余额 50 000 万元;预收账款期初余额 10 000 万元,期末余额 30 000 万元。假定不考虑坏账准备和增值税因素。

(2) 当期用银行存款支付购料款 48 000 万元;支付前期应付账款 12 000 万元;购买原材料预付货款 15 000 万元;当期因购货退回现金 6 000 万元。

(3) 当期支付职工工资及各种奖金 44 000 万元。其中,生产经营人员工资及奖金 35 000 万元,在建工程人员工资及奖金 9 000 万元。另外,用现金支付离退休人员退休金 7 000 万元。

(4) 当期购买工程物资预付货款 22 000 万元;向承包商支付工程款 16 000 万元。

(5) 当期购入某公司股票 1 000 万股,实际支付全部价款 14 500 万元。其中,相关税费 200 万元,已宣告但尚未领取的现金股利 300 万元。

(6) 当期发行面值为 80 000 万元的企业债券,扣除支付的佣金等发行费用 8 000 万元后,实际收到款项 72 000 万元。另外,为发行企业债券实际支付审计费用 3 000 万元。

(7) 当期用银行存款偿还借款本金 60 000 万元,偿还借款利息 6 000 万元。

(8) 当期用银行存款支付分配的现金股利 30 000 万元。

要求:根据上述资料,计算该公司现金流量表中下列项目的金额。

(1) "销售商品、提供劳务收到的现金"项目。

(2) "购买商品、接受劳务支付的现金"项目。

（3）"支付给职工以及为职工支付的现金"项目。

（4）"购建固定资产、无形资产和其他长期资产支付的现金"项目。

（5）"投资支付的现金"项目。

（6）"吸收投资收到的现金"项目。

（7）"偿还债务支付的现金"项目。

（8）"分配股利、利润或偿付利息支付的现金"项目。

➡ 案例与评析

现金流量预测

蕴祺贸易公司 2020 年资产负债表和利润表有关资料如下：

应收账款 345 万元；存货 936 万元；应付账款 757 万元；应付费用 33 万元；销售收入 4 737 万元；销售成本 5 448 万元；管理和销售费用 839 万元，管理和销售费用中除工资、折旧外，其他费用 136 万元。

经计算和预测，蕴祺贸易公司 2021 年有关信息如下：

（1）销售将增长 15%。

（2）存货周转天数将从 90 天降至 80 天。

（3）应付账款周转天数将从 70 天降至 60 天。

（4）销售成本率降至 77%。

（5）职工薪金为 2020 年管理和销售费用的 90%。

（6）管理和销售费用（不含工资、折旧）将与销售收入保持同样的增幅，其增长率为 15%。

（7）管理和销售费用中含折旧 16 万元。

（8）计划购置固定资产 90 万元。

（9）2021 年需偿还到期长期借款 30 万元（2020 年年初为 120 万元），贷款年利率 12%。

（10）应付费用下降 3%。

评析：

1）经营活动现金流量的预测

（1）销售商品收到的现金。

$$预测的销售收入 = 4\,737 \times (1+15\%) = 5\,448(万元)$$

$$应收账款预测值 = 345 \times (1+15\%) = 397(万元)$$

$$\triangle 应收账款 = 397 - 345 = 52(万元)(流出)$$

$$销售商品收到的现金 = 5\,448 - 52 = 5\,396(万元)$$

(2) 购买商品支付的现金。

$$销售成本 = 预测的销售收入 \times 预测销售成本率$$

$$= 5\,448 \times 77\% = 4\,195(万元)$$

$$存货预测值 = 预测的销售成本 \div 365 \times 存货持有天数$$

$$= 4\,195 \div 365 \times 80 = 920(万元)$$

$$\triangle 存货 = 920 - 936 = -16(万元)(流入)$$

$$应付账款预测值 = 预测的销售成本 \div 365 \times 应付账款持有天数$$

$$= 4\,195 \div 365 \times 60 = 690(万元)$$

$$\triangle 应付账款 = 690 - 757 = -67(万元)(流出)$$

$$应付费用预测值 = 33 \times (1-3\%) = 32(万元)$$

$$\triangle 应付费用 = 32 - 33 = -1(万元)(流出)$$

$$购买商品支付的现金 = 4\,195 - 16 + 67 + 1 = 4\,247(万元)$$

(3) 管理和销售费用现金支出。

$$薪金预测值 = 839 \times 90\% = 755(万元)$$

$$折旧 = 16(万元)(非现金支出)$$

$$其他费用预测值 = 上年其他费用 \times (1+增长率)$$

$$= 136 \times (1+15\%) = 156(万元)$$

$$管理和销售费用现金支出 = 755 + 156 - 16 = 895(万元)$$

(4) 交纳所得税。

$$税前利润 = 销售收入 - 销售成本 - 薪金 - 折旧 - 其他费用 - 利息$$

$$= 5\,448 - 4\,195 - 755 - 16 - 156 - 13 = 313(万元)$$

其中,利息费用计算如下:

$$长期借款利息支出预测值 = 长期借款平均值 \times 年利率$$

$$= [120 + (120 - 30)] \div 2 \times 12\% = 13(万元)$$

$$应交所得税 = 313 \times 25\% = 78(万元)$$

（5）2021 年经营活动的现金流量。

销售商品收到达到现金	5 396
购买商品支付的现金	（4 247）
管理和销售费用现金支出	（895）
交纳所得税	（78）
经营活动的现金净流量	176

2）投资活动现金流量的预测

蕴祺公司 2021 年购置固定资产 90 万元，投资活动的其他项目不变。因此，投资活动的现金净流量为－90 万元。

3）筹资活动的现金流量的预测

蕴祺公司 2021 年需偿还到期长期借款 30 万元，支付利息 13 万元，因此筹资活动的现金净流量为－43 万元。

综合上述计算，预测东方贸易公司现金净流量为：

经营活动的现金净流量	176
投资活动的现金净流量	（90）
筹资活动的现金净流量	（43）
2021 年现金净流量	43

4）预测结果的分析

（1）蕴祺公司净利润为 235 万元（313－78），但是产生的现金净流量仅为 43 万元，这是因为该公司经营活动产生的现金流量为 176 万元，但是固定资产投资和偿还到期借款需要支出现金 133 万元（90＋43）。

（2）现金净流量为正值，表明在未来的一年里该公司能够偿还到期债务。

（3）该公司的净利润和现金净流量预计比 2020 年有很大增长，这是因为该公司计划在 2021 年扩大再生产，同时加强了存货管理和成本、费用管理。

（4）2021 年扩大再生产所需要的投资（90 万元）完全可以靠经营活动产生的现金流量支付，而不需向外借款。可以推断，该公司在未来几年内的发展趋势良好。

第6章
财务危机预警

■ 楔子：

征兆与线索

在贷款过程中,银行常常会发现若干事实证据与客户主动提供的资料不符,或者对照历史资料会发现客户信用状况发生变化,这些就如同一般刑事调查案件中发现了线索。而事实上,客户发生经营危机通常不是一朝一夕之事,总是有些征兆显现出来,银行信贷部门应针对这些线索深入了解、调查,掌握信息,提早发现客户经营危机,避免坏账损失。

核心知识

6.1 财务比率预警

财务比率是预示客户财务危机的预警器。如果财务比率失调或者远远脱离行业的正常情况,信贷部门就应该进一步查实是什么原因;这些原因对客户是短期影响还是长期影响;该客户有无有效的应对措施。

6.1.1 债务风险衡量比率

客户贷款按照偿还期限的长短,划分为短期负债和长期负债。衡量客户债务风险的比率如图6-1所示。

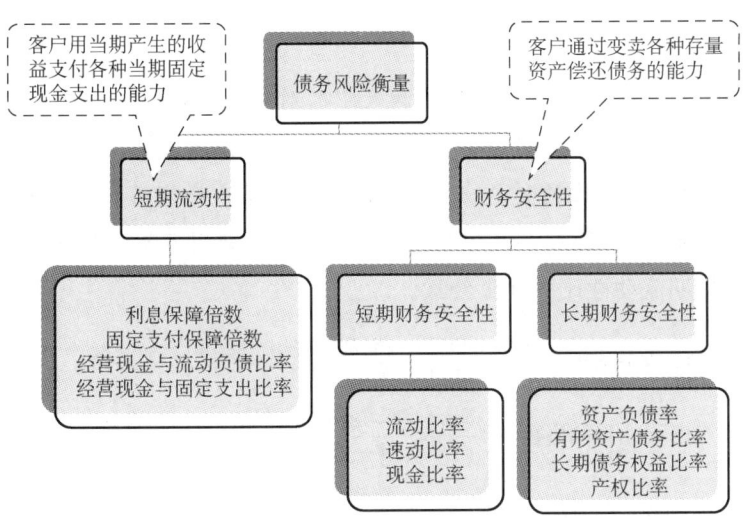

图 6-1 债务风险衡量比率

1) 抵御债务风险的第一道防线——短期流动性

短期流动性对客户的日常经营能否顺畅运营关系重大,是客户应对短期债务风险的第一道防线。

(1) 短期流动性质量评价。

对于银行信贷部门来说,如何评价客户短期流动性质量呢?一般来说可以从会计收益和现金流量两个角度加以分析,关键是要确认客户当期必须支付的固定支出和可用于支付固定支出的收益。

图 6-2 列示了客户当期必须支付的固定支出,以及可用于支付固定支出的收益来源(现金流量)。

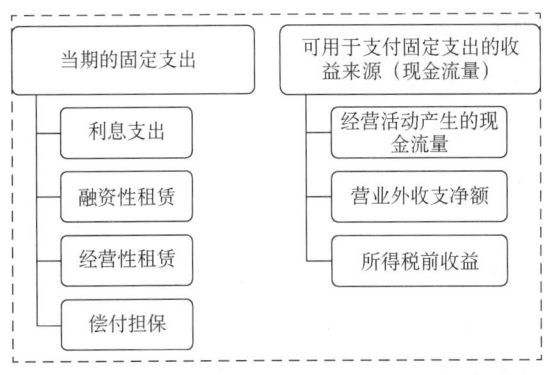

图 6-2 固定支出与支付来源

🔊 提示：

利息支出不同于财务费用。利润表中的财务费用,是根据会计原则对利息支出的调整,如溢价发行债券会减少财务费用,但不会影响当期的现金流量。另外,有些资本化的利息支出,如购建固定资产产生的利息支出不记入"财务费用"科目。所以,利息支出这个项目需要结合财务报表附注进行计算。

(2) 短期流动性比率计算公式。

$$利息保障倍数 = \frac{税前利润 + 当期利息费用}{当期利息费用}$$

$$固定支出保障倍数 = \frac{税前利润 + 财务费用 + 经营性租赁款}{财务费用 + 经营性租赁款 + 担保额}$$

$$经营现金与流动负债的比率 = \frac{经营活动现金净流量}{流动负债}$$

$$经营现金与固定支出比率 = \frac{经营活动现金净流量}{流动负债 + 经营性租赁款 + 担保额}$$

🔊 提示：

经营周期也是影响短期流动性的重要因素。

例如,某客户经营周期为 40 天,每 100 万元采购成本需要占用的流动资金 $= 100 \div 365 \times 40 = 10.96$(万元)。

另外,销售量越大,经营活动净投资也就越大。

如果企业短期流动性不好,没有充足的流动资金,销售增长势头良好的企业就会出现现金缺乏症。这也是许多快速成长企业面临的"成长的烦恼"。

$$经营活动净投资 = 存货 + 应收账款 + 预付账款 - 应付账款 - 预收账款$$

(3) 短期偿债风险衡量的注意点。

短期债务风险衡量不是简单地计算一些财务比率并进行对比,关键是要准确辨别出不同性质的流动资产和流动负债。

不是所有的流动资产都能够按照资产负债表中反映的金额足额、瞬时转换为现金并用以偿还债务的,例如应收账款和存货。

不是所有的流动负债都需要立即偿还的,例如应付账款。经营过程中产生的各种短期债务偿还的紧迫性并不完全相同。

2) 抵御债务风险的第二道防线——财务安全性

一个正常、健康的企业,它的资金总是处于不断协调运转之中。但是天有不测风云,当客户所面临的经营环境等因素出现变化,使得短期流动性出现故障,第一道防线被攻破,各种债务的偿还就不得不依赖客户持有的资产了。财务安全性,即客户拥有的资产,是抵御债务风险的第二道防线。

只要客户手中拥有充足的变现能力较强的资产,即使短期资金循环出现问题,客户也能够应对债务风险。这就是银行信贷部门在签订贷款协议时,非常看重客户是否拥有充足的担保资产的原因。

(1) 短期财务安全性。

短期财务安全性考量客户是否持有充足的可立即转换为现金的流动资产,以应对当期需要立即偿还的流动负债的能力。

(2) 长期财务安全性。

长期财务安全性考量客户一旦陷入破产清算程序时,银行回收债权的保障程度。

财务安全性比率计算公式如下:

$$流动比率 = \frac{流动资产}{流动负债}$$

$$速动比率 = \frac{货币资金+短期投资+应收票据+一年内应收账款}{流动负债}$$

$$现金比率 = \frac{货币资金+短期投资}{流动负债}$$

$$资产负债率 = \frac{负债总额}{资产总额}$$

$$产权比率 = \frac{股东权益}{资产总额}$$

$$有形资产债务率 = \frac{负债总额}{总资产-无形资产及其他资产-待摊费用}$$

$$长期债务权益比率 = \frac{长期负债}{股东权益}$$

3) 债务风险衡量陷阱规避

(1) 表外项目。

客户为关联企业或他人债务提供担保。

（2）财务欺诈。

① 客户将不良资产长期挂账，提高利息保障倍数。

② 客户在资产负债表两边等额冲销资产和负债，以改善短期财务安全性指标。

③ 上市公司无偿为大股东提供大量资金，"其他应收款"巨幅增长。

【例 6-1】 操纵或调节流动比率

某客户某年年末流动资产为 150 万元，流动负债为 100 万元，那么：

$$流动比率 = \frac{150}{100} = 1.5$$

如何提高流动比率？客户可以设法归还流动负债为 50 万元。归还后流动资产余额为 100 万元，流动负债余额为 50 万元。此时：

$$流动比率 = \frac{100}{50} = 2$$

提示：

当流动比率大于 1 时：

分子与分母同时减少相同数额，流动比率会升高。

当流动比率小于 1 时：

分子与分母同时增加相同数额，流动比率会升高。

6.1.2 盈利能力衡量比率

盈利能力是客户获取利润的能力，是衡量客户长足发展能力的重要指标，更是银行收取客户本息的资金来源。盈利能力的衡量比率如图 6-3 所示。

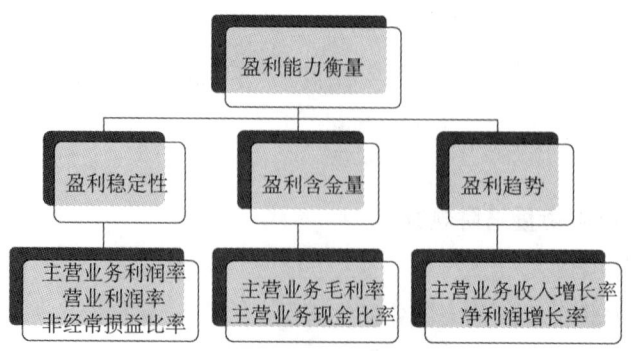

图 6-3 盈利能力衡量比率

1）盈利能力衡量比率计算公式

$$主营业务利润率 = \frac{主营业务利润}{利润总额}$$

$$营业利润比率 = \frac{营业利润}{利润总额}$$

$$非经常性损益比率 = \frac{非经常性损益}{净利润}$$

$$主营业务毛利率 = \frac{主营业务收入 - 主营业务成本}{主营业务收入}$$

$$主营业务收入现金比率 = \frac{经营活动现金流入}{主营业务收入}$$

$$收益质量 = \frac{经营活动现金净流量 - 净利润}{经营活动现金净流量}$$

$$经营活动收益质量 = \frac{经营活动现金净流量 - 营业利润}{经营活动现金净流量}$$

$$主营业务收入增长率 = \frac{本期主营业务收入 - 上期主营业务收入}{上期主营业务收入}$$

$$净利润增长率 = \frac{本期净利润 - 上期净利润}{上期净利润}$$

2）盈利能力衡量比率包括的内容

（1）盈利稳定性。

盈利稳定性是客户盈利持续性的定海神针。

（2）盈利含金量。

盈利含金量是客户利润质量高低的试金石，即收入的增加是否带来利润的增加，或者收入的增加是否带来现金的相应增加。

（3）盈利趋势。

盈利趋势可以预测客户的经营前景和变化趋势。

3）盈利能力衡量陷阱

（1）无中生有。

① 对开增值税销售发票，达到既虚增收入和利润，又规避增值税缴纳的目的。

② 虚开产品销售发票，粉饰经营业绩，不惜承担缴纳增值税的代价。

③ 捏造外销业务，达到虚增收入和利润的目的。

（2）先斩后奏。

将一些本期尚未满足收入确认条件的项目,提前计入当期收益。

先斩后奏法比较隐蔽,因为它是有真实业务的,只不过按照会计准则还不符合确认收入的条件。这主要通过调查分析客户附注信息判断。

（3）偷天换日。

任意变更或者使用不恰当的会计政策和会计估计粉饰报表。

（4）藏污纳垢。

将原本应当计入当期费用的支出项目进行资本化处理,挂在企业账上。如将应计入损益的借款费用资本化,虚增在建工程支出,以达到虚增利润的目的。

6.2 财务危机诊断

6.2.1 由经常收益显示的危险迹象

在客户营业收益为盈利的条件下,如果经常收益出现亏损,就可以说出现了财务危机的信号。

需要注意的是,在经常收益为盈利的情况下,下列情形对某些客户来说也潜伏着危险。

（1）营业收入经常收益率大幅度减少（至少看三年）。

（2）经常收益增长率大幅度降低（至少看三年）。

（3）营业收入利息率在＝6％以上（6％只是一个参考数,应视行业特性及客户具体情况而定）。

6.2.2 判断进入危险区域客户的方法

判断客户是否已经成为财务危机的企业,主要有三种方法。

（1）经常收益连续两年亏损,且亏损额并没有大幅度降低。由于亏损在积累,所以说该客户已进入了危险区域。

（2）客户经营借款与应付票据等经营债务超过了平均月营业额的4倍。

（3）短期借款、长期借款以及企业债券的总额超过了平均月销售额的4倍。

注意:以上"4倍"仅是参考数值,实务中应视行业特性及企业具体情况而定。

财务危机比率诊断如表 6-1 所示。

表 6-1　财务危机比率诊断

财务比率	公　式	危险企业的特征(参考值)
1. 营业额经常收益率	经常收益÷营业收入	大幅度下降接近负数
2. 经常收益增长率	本期收益÷前期收益	大幅度下降
3. 营业收入利息率	支付利息÷营业收入	接近或超过 6%
4. 经营负债倍率	经营债务÷月销售额	接近或超过 4 倍
5. 金融借款倍率	金融负债÷月销售额	接近或超过 4 倍
6. 总资本经营收益率	经常收益÷平均总资本	大幅度下降接近负数
7. 负债比率	负债总额÷自有资本	大幅度上升
8. 自有资本率	自有资本÷总资本	大幅度下降
9. 长期适应比率	固定资产÷(自有资本＋长期负债)	降低到 100% 以下
10. 流动比率	流动资产÷流动负债	降低到 100% 以下

以上这些比率至少要比较三期,看它们的变化。同时,对于不同行业、不同特性客户的具体状况,其进入危险企业的特征数据是有所不同的,因此,表 6-1 仅是作为一般判断的参考。

提示:

客户是否存在以下情况,是对客户财务信息重点调查的内容:

(1) 无法偿还到期债务。

(2) 无法偿还即将到期且难以展期的借款。

(3) 无法继续履行重大借款合同中的有关条款。

(4) 存在大额的逾期未缴税金。

(5) 累计经营性亏损数额巨大。

(6) 过度依赖短期借款筹资。

(7) 无法获得供应商的正常商业信用。

(8) 难以获得开发必要新产品或进行必要投资所需资金。

(9) 资不抵债。

(10) 营运资金出现负数。

（11）经营活动产生的现金流量净额为负数。

（12）存在大量长期未作处理的不良资产。

（13）存在因对外巨额担保等或有事项引发的或有负债。

6.2.3　无信贷间隔天数

所谓无信贷间隔天数，是指如果客户不再继续销售产品，在当前的经营水平下，客户能够以自有的可变现资源为经营活动提供资金的时间长度。实务中还可以使用无信贷间隔天数来监控客户流动性危机。

无信贷间隔天数假定流动资产（不包括存货）必须立即变现，流动负债必须立即偿付，然后把流动资产（不包括存货）与流动负债的差额和客户每日的费用支出作比较。计算公式如下：

$$无信贷间隔天数 = \frac{流动资产（不包括存货）- 流动负债}{日经营费用}$$

$$日经营费用 = \frac{营业收入 - 税前利润 - 折旧与摊销}{360}$$

日经营费用中之所以要扣除折旧与摊销，是因为这两项不是现金支出。

【例6-2】　申江公司2020年营业收入为60 812万元，税前利润为4 983万元，折旧与摊销为582万元，流动资产为23 020万元，存货为7 871万元，流动负债为21 874万元。要求计算无信贷间隔天数。

$$日经营费用 = \frac{60\,812 - 4\,983 - 582}{360} = 153.46（万元）$$

$$无信贷间隔天数 = \frac{23\,020 - 7\,871 - 21\,874}{153.46} = -43.82（天）$$

无信贷间隔天数是负数，表明公司的流动性状况非常糟糕。本例也说明，只要流动负债的金额大于流动资产（不包括存货），无信贷间隔天数就会是负数。流动比率和速动比率低的企业，无信贷间隔天数一般也都是负数。

6.3　财务危机预警系统

如果客户财务状况恶化，陷入危机泥潭，就很可能无力偿还债务。财务危机预警系统的建立可以防患于未然。

财务危机预警系统有两种模式,分述如下。

1) 多变模式

多变模式即运用多变模式思路,通过建立多元线型函数公式,将多种财务比率加权汇总后产生的总判别分(称为 Z 值)来预测财务危机。具体操作如下:

(1) 建立"Z 值计分模型"判别函数值。

最初的"Z 值计分模型"是由美国财务专家爱德华·阿尔曼在 20 世纪 60 年代中期提出,用以计量企业破产的可能性。其判别函数为:

$$Z = 0.012X_1 + 0.014X_2 + 0.033X_3 + 0.006X_4 + 0.999X_5$$

式中:Z—— 判别函数值;

　　　X_1——(营运资金÷资产总额)×100;

　　　X_2——(留存收益÷资产总额)×100;

　　　X_3——(息税前利润÷资产总额)×100;

　　　X_4——(普通股和优先股市场价值总额÷负债账面价值总额)×100;

　　　X_5——销售收入÷资产总额。

该模型实际上是通过 5 个变量(5 种财务比率),将反映企业偿债能力指标(X_1、X_4)、获利能力指标(X_2、X_3)和营运能力指标(X_5)有机联系起来,综合分析预测企业财务失败或破产的可能性。一般来说,Z 值越低,企业越有可能发生破产。

(2) 判断破产的临界值。

判断企业破产的临界值可以参考如下标准:

如果 Z 值大于 2.675,表明企业的财务状况良好,发生破产的可能性较小。

如果 Z 值小于 1.81,表明企业存在很大的破产危险。

如果 Z 值介于 1.81 至 2.675 之间,表明企业财务状况极不稳定。

【例 6-3】 华美公司 2019 年和 2020 年两个年度的有关资料如表 6-2 所示。请运用多变模式,对该公司的财务状况作出评价。

表 6-2 华美公司财务状况

单位:万元

项目	2019 年度	2020 年度
营业收入	6 700	5 390
息税前利润	1 312	686
资产总额	4 230	6 427
营运资金	1 970	1 143
负债总额	1 880	4 410
留存收益	1 016	612
股票市价总额	3 804	1 387

2019 年 Z 值:

$$X_1 = (1\ 970 \div 4\ 230) \times 100 = 46.57$$

$$X_2 = (1\ 016 \div 4\ 230) \times 100 = 24.02$$

$$X_3 = (1\ 312 \div 4\ 230) \times 100 = 31.02$$

$$X_4 = (3\ 804 \div 1\ 880) \times 100 = 202.34$$

$$X_5 = 6\ 700 \div 4\ 230 = 1.58$$

$$Z_{2019} = 0.012 \times 46.57 + 0.014 \times 24.02 + 0.033 \times 31.02 +$$
$$0.006 \times 202.34 + 0.999 \times 1.58 = 4.71$$

2020 年 Z 值:

$$X_1 = (1\ 143 \div 6\ 425) \times 100 = 17.79$$

$$X_2 = (612 \div 6\ 425) \times 100 = 9.53$$

$$X_3 = (686 \div 6\ 425) \times 100 = 10.68$$

$$X_4 = (1\ 387 \div 4\ 410) \times 100 = 31.45$$

$$X_5 = 5\ 390 \div 6\ 425 = 0.84$$

$$Z_{2020} = 0.012 \times 17.79 + 0.014 \times 9.53 + 0.033 \times 10.68 +$$
$$0.006 \times 31.45 + 0.999 \times 0.84 = 1.73$$

由计算结果可知,华美公司 2019 年的 Z 值大于临界值 2.675,表明其财务状况良好,没有破产危机;而 2020 年 Z 值小于临界值 1.81,表明该公司财务状况堪忧,已经出现破产的先兆。

2）单变模式

单变模式即运用单变模式思路，通过单个财务比率走势恶化来预测财务危机。按综合性和预测能力的大小，预测客户财务危机的比率主要如下：

$$债务保障率 = 现金流量 \div 债务总额$$
$$资产收益率 = 净收益 \div 资产总额$$
$$资产负债率 = 负债总额 \div 资产总额$$
$$资金安全率 = 资产变现率 - 资产负债率$$

其中：
$$资产变现率 = 资产变现金额 \div 资产账面金额$$

所谓"资产变现金额"，就是企业立即处置其所有资产后可以变成现金的总数。

由于单变模式是通过单个财务比率走势来预测客户的财务状况，因此可以运用上述每一个比率进行财务预警。下面重点介绍通过企业安全率进行财务预警的原理。企业安全率由两个因素交集而成：一是经营安全率；二是资金安全率。经营安全率用安全边际率表示如下：

$$安全边际率 = 安全边际额 \div 现有（预计）营业额$$
$$= [现有（预计）营业额 - 保本营业额] \div 现有（预计）营业额$$

【例 6-4】 开开公司预计明年营业额为 2 800 万元，变动成本率为 60%，固定成本为 1 000 万元；资产账面价值为 1 500 万元，其中债务资本为 900 万元，自有资本为 600 万元；经仔细核定，确认将企业资产按变现价值估算为 1 200 万元。

$$保本营业额 = 1 000 \div (1 - 60\%) = 2 500（万元）$$
$$安全边际率 = (2 800 - 2 500) \div 2 800 = 10.71\%$$
$$资产变现率 = 1 200 \div 1 500 = 80\%$$
$$资产负债率 = 900 \div 1 500 = 60\%$$
$$资金安全率 = 80\% - 60\% = 20\%$$

在危机预警分析中，可以将安全边际率与资金安全率结合起来判断客户的财务状况是否良好。我们把安全边际率与资金安全率的结合叫作企业安全率。企业安全性评判如表 6-3 所示。

表 6-3　企业安全性评判

资金安全率	安全边际率	评判
＞0	＞0	经营状况良好
＞0	＜0	财务状况良好,营销能力不足
＜0	＞0	财务状况已露险兆
＜0	＜0	经营状况不好,随时有爆发财务危机的可能

如[例 6-4]中,开开公司的安全边际率为 10.71％,资金安全率为 20％,表明开开公司经营状况良好。

财务危机预警系统是行之有效且成本低廉的诊断工具,灵敏度高,能发现客户财务危机征兆,有效预防银行资产损失。

学 以 致 用

➡ 问题与解答

1. 什么是反转流动比率?

答:
$$反转流动比率 = \frac{流动负债}{流动资产}$$

尽管流动比率得到了普遍使用,但也有些信贷人员倾向于使用反转流动比率。反转流动比率衡量的是客户流动资产中的流动负债的比例。如果反转流动比率是 65％,说明客户有 65％ 的流动资产是由流动负债提供的,35％ 的流动资产是作为营运资金由长期资金提供的。

2. 什么是小项目的大贡献?

答:什么是小项目? 第一种是性质上的小项目,比如资产减值损失、营业外收入、公允价值变动收益等。这些性质上的小项目,在正常情况下不应该成为利润的主体。但是,我们可能经常在上市公司的利润表上看到小项目在"力挽狂澜",可见小项目对公司盈利能力有支撑性的贡献,最典型的是营业外收入。例如,2016 年一些上市公司通过变卖几套学区房实现盈利。这种变卖学区房所得的利润应该是营业外收入。需要指出的是,当企业靠这些小项目维持利润时,一定意味着核心业务的盈利能力出现了问题,企业的持续盈利能力也会出现问题。

第二种是资源占用少的小项目。这可能是企业新的利润增长点,新的竞争优势的增长点,极有可能显示了公司持续发展的一种新的潜力。

➡ **练习与思考**

1. 申江公司的流动资产(不包括存货)为 500 万元,流动负债为 200 万元,每年的营业费用(营业收入－税前利润－折旧与摊销)为 7 200 万元。要求计算无信贷间隔天数,并作简要评价。

2. 如果客户迅速扩张,那么即使客户正在盈利,也有可能出现经营性现金流危机。这是因为为了给扩张的经营活动提供资金,客户需要的营运资金越来越多。

客户迅速扩张,无法以经营性现金补充额外所需的营运资金,这种客户就是交易过度的企业。

假设某客户今年经营情况如下:

　　　营业收入　140 000 美元

　　　营业成本　120 000 美元

　　　营业利润　20 000 美元

平均存货＝年营业成本的 1/6;

平均应付账款＝年营业成本的 1/12;

平均应收账款＝年营业收入的 1/4。

如果该客户保持目前的年营业收入和营业成本,那么每年有 2 万美元的现金收入。

如果该客户在下一年中的营业收入是今年的 2 倍,经营周期不变,请计算该客户的经营性现金流量,并简要阐述过度交易如何导致现金流危机。

➡ **案例与评析**

公司财务经理 VS 银行客户经理

大镜公司有关财务报表如表 6-4 所示。大镜公司欲向某商业银行借款。

如果您是大镜公司的财务经理,如何说服银行贷款? 如果您是银行客户经理,如何反驳大镜公司财务经理的贷款申请?

表6-4 大镜公司会计报表

单位:元

资产负债表			利润表		
项目	2019 年	2020 年	项目	2019 年	2020 年
现金	200 000	50 000	销售收入	1 500 000	1 200 000
应收账款	100 000	250 000	销售成本	900 000	780 000
存货	400 000	500 000	毛利	600 000	420 000
流动资产合计	700 000	800 000	经营费用	400 000	350 000
应付账款	200 000	250 000	税前利润	200 000	70 000
短期借款	100 000	100 000	所得税	40 000	14 000
流动负债合计	300 000	350 000	净利润	160 000	56 000

评析:

公司财务经理的借款理由:

2019 年与 2020 年相比,营运资金从 400 000 元(700 000 — 300 000)增加到 450 000 元(800 000 — 350 000),而经营费用则从 400 000 元下降到 350 000 元,营运资金越多说明不能偿还的风险越小。营运资金的多少可以反映偿还短期债务的能力。报表信息说明公司的财务情况不错。

银行客户经理的反驳理由:

该公司营运资金的增长实际上是一个危险的信号,因为其中的现金减少了 75%[(50 000 — 200 000) ÷ 200 000],应收账款增加了 150%[(250 000 — 100 000) ÷ 100 000],而存货也增加了 25%[(500 000 — 400 000) ÷ 400 000]。这些都不是一个正面的发展,特别是销售额 2020 年下降了 20%[(1 200 000 — 1 500 000) ÷ 1 200 000]。可以从以下比率看出问题:

$$2019 \text{ 年应收账款周转天数} = 100\ 000 \times 360 \div 1\ 500\ 000 = 24(\text{天})$$
$$2020 \text{ 年应收账款周转天数} = 250\ 000 \times 360 \div 1\ 200\ 000 = 75(\text{天})$$

由以上可知,该公司从客户处收款有很大的困难,而且堆积了大量的存货,销售量又下降了,这些都不是好兆头。

就利润表而言,边际利润明显下降,毛利也下降。而该公司财务经理说经营费用下降,事实上它占销售的比率上升了。2019 年销售费用率＝400 000÷1 500 000＝26.67％,而 2020 年销售费用率＝350 000÷1 200 000＝29.17％。

上述情况都与公司财务经理的理由相反。大镜公司 2020 年度其实比 2019 年度经营情况更差了。

第7章
财务信息真假识别

■楔子：

会计魔术

在客户财务报表中，客户有时会出于各种动机，通过各种办法蓄意掩盖真相，玩会计魔术，使真实的经济业务变成数学游戏。此时客户的会计师不再是如实反映企业财务状况和经营成果的"摄影师"，而成了一名"化妆师"，经过其"妙手"，将奄奄一息的死马瞬间变成跃跃欲试的活马。

核心知识

7.1 虚假财务信息识别基本方法

银行贷款的目的是获得贷款利息。决定客户偿债能力的基本因素是客户的盈利能力和盈利前景。如果客户编制虚假财务报表，而银行又没有识别其虚假性，并根据这些虚假信息作出错误的贷款决策，就会不可避免地遭受惨重的坏账损失，甚至血本无归。

为了避免由于客户编制虚假财务报表而作出错误决策和遭受损失，银行信贷人员必须掌握基本的虚假财务报表识别技术。

7.1.1 虚假财务信息识别基本分析方法

识别虚假财务报表的基本分析方法有财务分析方法、基本面分析方法和现场调查。

1）财务分析方法

财务分析是对客户年度财务报告、中期财务报告和季度财务报告的财务报告部分进行分析，包括审计报告类型分析、财务报告附注分析和财务数据及指标分析，如图 7-1 所示。

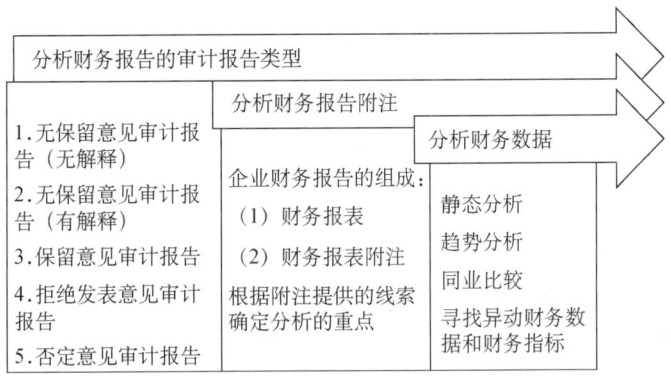

图 7-1　财务分析基本方法

在对客户进行财务分析时，首先阅读财务报告的审计报告。审计报告有五种类型。不同类型的审计报告是我们辨别客户财务报告真假信息的重要依据。

2）基本面分析方法

基本面分析包括宏观经济分析、行业现状和前景分析、客户在行业的位置、客户高管的经营管理能力、客户的经营策略、市场份额和声望等。基本面分析与财务分析息息相关。如果客户的财务报表严重脱离上述宏观经营运行状况等基本面分析的内容，那么，严重脱离之处就是下一步调查分析的重点。

3）现场调查

任何一个客户都不同程度存在问题区域和风险，这些问题区域和风险就是银行贷款要承受的信贷风险。现场调查的目的就是根据财务分析和基本面分析提供的问题线索，判断客户财务报表的真实性，以便作出正确的贷款决策。

7.1.2   虚假财务信息预警信号

（1）高管人员，尤其是分管财务的高管或主管会计频繁辞职或被调离。

（2）频繁变更会计师事务所，尤其是被出具"第四类或第五类"审计报告后更换会计师事务所。

（3）原始凭证不合常规，如单据不全或缺失。

（4）会计分录存在瑕疵，如对应收应付款、收入费用项目进行未加解释的调整。

（5）盈利质量与资产质量相互背离，如在报告答复增长利润的同时，不良资产大量增加。

（6）净利润与经营活动产生的现金流量持续背离，如客户连续三年盈利，但经营活动产生的现金净流量连续三年为负数。

（7）销售收入与经营活动产生的现金净流量相互背离。

（8）在某个会计期间大幅计提资产减值。

（9）期末发生异常销售，尤其是对新客户的大额销售。

（10）已发货未开票的销售和已开票未发货的销售。

（11）前期销售在本期大量退货。

（12）主要供应商和客户异常变动。

7.2   常见财务信息造假手段

7.2.1   虚构和掩饰经济业务事实

所谓"真实地反映虚假的经济业务"，即这类造假手段。表7-1列出了虚构经济业务事实的手段。

表7-1   虚构经济业务事实的手段

虚构会计凭证	虚构会计账簿	虚构财务报表
（1）伪造、篡改、不如实填写原始凭证	（1）涂改、销毁、损坏账簿	（1）虚报盈亏
（2）取得虚假发票	（2）不按规定登账	（2）包装现金流量表

（续表）

虚构会计凭证	虚构会计账簿	虚构财务报表
（3）自制加单据、虚开发票	（3）不正当挂账	（3）采取"自下而上"的编表方式
（4）虚构经济业务，编造虚假记账凭证	（4）收入、负债不入账	（4）根据行业平均指标，直接在报表中进行调整
（5）假账真算，真账假算	（5）结账作假	（5）报表附注不真实

掩饰经济业务事实主要反映在以下几个方面：

（1）不及时披露财务报表。

（2）不充分披露财务报表。

① 对关联企业之间的交易披露甚少。

② 对企业偿债能力不详细揭示。

③ 对资金投放去向和利润构成的信息进行隐瞒。

④ 隐瞒诉讼事项。

（3）夸大盈利预测。

① 选择不当的预测方法，估计盈利前景。

② 虚构未来交易。

【例7-1】 现金流量表的包装

某企业由于使用银行承兑汇票的客户增多，期末应收票据比期初增加9 612万元。该企业将应收票据视为现金等价物，虚增了经营活动产生的现金流入，导致现金流量表数据不实。

7.2.2　利用常规会计方法造假

利用常规会计方法进行财务报表造假的项目很多，但主要集中在收入计量和资产计价方面。

1）操纵收入确认

（1）操纵收入的认定时间。

我国会计和税务实务中，开具销售发票往往是销售实现的一个标志。因此一些客户往往以开具销售发票和已计税为理由确认营业收入，而不管销售过程是否真正完成。

（2）创造虚无的营业收入。

例如,白条出库,作营业收入;对开发票,确认收入;利用阴阳合同虚构收入,如公开合同上注明货款是 8 000 万元,但秘密合同上约定实际货款为 4 000 万元。

（3）不适当的销售分割。

例如,在当年 12 月份虚开发票,次年再以质量不合格等理由冲回、退货;为增加销售收入,没有在会计期末结账,将下期销售计入本期。

（4）在存在重大不确定性时确认收入。

例如,顾客还拥有退货或终止合约的选择权时就确认收入;交易涉及未解决的问题或还需要进行协商时就确认收入。

（5）完工百分比法的不适当运用。

例如,通过夸大在建项目的完成比例来高估收入和结转相应费用,随心所欲地估计完成合同需要的总成本及各期的完工进度,达到操纵收入的目的。

（6）利用受托销售和分期付款销售。

将代销收入列为本企业的销售收入,以虚增收入;或把今后要赚到钱算到现在的账上。例如,A 公司是一家软件公司,靠出售软件许可赚钱。购买者大多数分期付款,签一个 6 万元的 3 年合同,分 3 年付清。因此实际上,A 公司第一年只收到了 2 万元,但账上却写了 6 万元。

（7）在仍需提供未来服务时确认收入。

在收到款项时马上出具销售发票确认收入,而不管未来仍需要提供服务。事实上,收到款项有时仅仅是预收货款,应作为负债,待有关产品或劳务已经提供后,方可确认收入。一些劳务收入的确认,如特许权使用费、会员费收入、广告费收入、安装费收入、软件定制费收入等,很容易出现这样的情况。

🔊 提示：

收入操纵预警信号：

（1）应收账款的增幅高于销售收入的增幅。

（2）计提巨额的坏账准备。

（3）销售收入与生产能力比例失调。

（4）与客户发生套换交易。

(5) 收入主要来自关联销售。

(6) 销售收入与经营性现金流量相背离。

2) 将融资当买卖处理

(1) 利用出售回购交易。

出售回购本质上是融资,但有的客户会将出售和回购做成两笔交易,一笔销售,一笔采购,分别记入相关的收入和成本账户。例如,出售的标的是存货,则客户有可能出售时贷记营业收入(营业收入增加),回购时借记在建工程,这导致报告期内收入、成本、毛利虚增,在建工程也虚增。与此同时,客户将筹资性现金流入计入经营性现金流入(出售),将筹资性现金流出计入投资性现金流出(回购)。

(2) 利用应收账款保理。

应收账款保理是客户将赊销形成的未到期应收账款在满足一定条件下转让给银行,以获得银行的流动资金支持,加快资金周转。应收账款保理可以分为有追索权保理(非买断型)和无追索权保理(买断型)。有的客户将有追索权的应收账款包装成无追索权的应收账款,将风险转嫁给银行。有追索权的应收账款保理在会计处理时应贷记负债类账户。

3) 利用虚拟资产和不良资产挂账

例如,三年以上的应收账款长期挂账;潜亏挂账等。虚拟资产和不良资产的存在,为客户操纵利润提供了"蓄水池"。

4) 利用存货调节利润

存货项目种类繁多并且具有流动性强、计价方法多样的特点,导致存货成为高估资产、粉饰报表的主要部分。

(1) 采购环节的舞弊。

① 虚增利润。通过"预付账款"或"其他应收款"科目挂账,从而虚增利润。其实质是该存货已经消耗,即价值形态已转化为成本费用。

② 虚构存货。对实际上并不存在的存货,通过伪造装运单、验收单及虚假的订购单虚增存货价值。

(2) 产品销售及发出环节的舞弊。

① 人为调节结转到营业成本的数量,从而达到调节利润的目的。

② 随意变更存货的计价方法。

（3）利用存货盘点进行舞弊。

① 对存货重复盘点，虚假列示存货存在。

② 对年终财产清查中已经查明的毁损材料，不列表呈报，使其损失价值仍潜藏在材料成本中。

③ 对实地盘点过程中发现的盘盈或盘亏，不进行账务处理，反而根据需要人为调节利润。

7.2.3　利用会计政策和会计估计变更制造业绩

1）通过一些方法的转换粉饰报表

例如，长期投资核算中成本法与权益法的转换、制造业对产品制造成本计算方法的不同选择、固定资产与存货分类的差异、存货计价方法的变更、长期合同完成合同法和完工百分比法的选择等都可以在一定程度上粉饰报表。

2）改变重要的经营政策

为了达到盈利目标，有些客户还可能放弃一贯采用的信用政策，突然放宽信用标准，延长信用期限，把风险极大的客户也作为赊销的对象，把以后年度的销售提前到当年，不顾一切地创造现金收入的盈利。

3）变更固定资产折旧政策

这是最常用的手法之一。这是因为固定资产在企业资产价值中占到比重很大，折旧费在企业营业成本中占据重要的地位，金额巨大，因而比较容易达到报表粉饰的目的。另外，变更固定资产折旧方法只会影响会计利润却不会影响应税利润。因为在我国，财务会计与税务会计是分离的。

7.2.4　利用非常规业务项目

1）利用其他应收款和其他应付款

众所周知，其他应收款是财务报表的"垃圾桶"（因为其他应收款往往用于隐藏潜亏）；其他应付款是财务报表的"聚宝盆"（因为其他应付款往往用于隐瞒利润）。

根据现行会计制度，"其他应收款"和"其他应付款"科目主要用于反映除应收账款、预付账款、应付账款、预收账款以外的其他款项。在正常情况下，其他应收款和其他应付款的期末余额不应过大。但在实际工作中，许多企业这两个科目的余额巨大,甚至超过应收账款、预付账款、应付账款、预收账款。出现这种异常的现象,说明这些企业很有可能正在利用其他应收款隐藏潜亏、关联交易、费用挂账、抬高利润;利用其他应付款隐瞒收入、压低利润。

提示:

大量的、有争议的项目都与其他应收款有关。例如,企业之间的拆借资金,往往在此反映。高于国家规定利率的超额利息,不反映收入,直接冲销往来,在往来冲销干净的时候,又会有一项新的往来挂账。抽逃资金也会在其他应收款挂账等。

2) 利用非经常损益

非经常损益包括资产处置损益、临时性获得的补贴收入等。非经常性损益虽然是企业利润总额的一部分,但由于它不具备稳定性,因而对利润的影响是暂时的。非经常性损益项目的特殊性质,为企业报表粉饰提供了机会。特别应该关注的是,有些非经常损益本身就是虚列的,例如营业外收入。

7.3　财务报表粉饰识别技巧

7.3.1　利用财务报表重要项目识别

1) 应收款项

应收款项是客户财务报表中十分重要的项目,具体包括应收账款、预付账款、应收票据和其他应收款等。由于应收款项具有应收而未收的特点,这一项目既在一定程度上反映了企业的经营绩效,也可能因日后无法收回造成坏账损失,严重影响企业的经营业绩。分析要点如下:

(1) 考虑决定其规模的主要因素,如客户的经营方式、信用政策以及行业特点等。如果应收账款高居不下,利润就有被"注水"的可能,经营活动创造现金的能力减弱。

(2) 考察应收账款的质量,如账龄、债务人的构成、应收账款管理政策、应收账款是否长期挂账等。

(3) 通过其他应收款,往往可以发现客户与其他企业间的非常关系。如有些客户为虚增收入,又怕存货急剧增加,存货周转率急剧下降,就把应收账款往其他应收款、预付账款转移,做法是客户先把资金转出去,然后再转回来,转出去时挂账其他应收款或预付账款,转回来作为货款,确认收入。

2）存货

高估存货是最常见的粉饰手段。分析存货时,应重点考虑以下问题:

（1）存货的增长是否快于销售收入和总资产的增长。

（2）存货占总资产的百分比是否逐期增加。

（3）存货周转率是否逐期下降。

（4）运输成本所占存货成本的比重是否下降。

（5）销售成本占销售收入的百分比是否逐期下降。

（6）销售成本的账簿记录是否与税收报告不一致。

（7）在某一会计期末,存货账户是否有过转回分录。

如果以上问题回答"是"越多,存货被粉饰的可能性就越大。

3）应付账款

对应付账款应分析是否存在以下粉饰行为:

（1）应付账款长期挂账。

（2）虚列应付账款,调节成本费用。

（3）利用应付账款藏匿收入,偷逃税款。

（4）故意增大应付账款,将现金套出私分。

（5）对于一些非法开支,或已超标准或规定的费用,人为挤入应付账款进行缓冲。

（6）用商品抵顶应付账款,隐瞒收入,偷漏增值税。

4）预收账款

对预收账款应分析是否存在以下粉饰行为:

（1）利用预收账款虚增销售收入。

（2）利用预收账款长期挂账,不作销售处理,以此达到偷逃税金的目的。

5）长期应付账款

对长期应付款应分析是否存在以下粉饰行为:

（1）虚列账户,之后套取现金。

（2）期满后继续付款,将多余款项从对方提出,存入"小金库"或私分。

（3）混淆融资租赁和经营租赁,将经营租赁费用挂在长期应付款中,以达到调节当期利润的目的。

6）实收资本

对实收资本应分析是否存在以下粉饰行为：

（1）投资者以抵押物作为投入资本。

（2）无形资产所占比重过高。

（3）以陈旧、落后的机器设备和技术，甚至废弃的物资出资。

（4）不具备符合国家规定并与其生产经营和服务规模相适应的资本数额。

（5）不能如期缴纳所认缴的股本，甚至故意拖欠所认缴的股本。

（6）对投入的实物或无形资产未经注册会计师验资并出具验资报告。

（7）企业的投资者随意抽走资本，如投资者投入的货币资金待验资后又抽回；以借款等名义向受资企业借款而长期不还等方式，长期占用受资企业的资金达到变相抽走资本的目的。

7）营业收入

对营业收入应分析是否存在以下粉饰行为：

（1）产品销售收入入账时间不正确、入账金额不实。

（2）故意隐匿收入，或白条出库，作销售处理。

（3）预收货款提前转作销售收入。

（4）向预付款单位发出商品时，不作销售处理。

（5）延期办理托收承付，调节当年利润。

（6）延期结算代销产品，经办人员获利私吞。

（7）销售折让与折扣处理不规范，以此调节收入。

（8）在建工程领用产成品不作销售处理。

7.3.2　利用财务比率识别真假

1）营业利润÷营业收入

参考比率：

$$销售毛利率 = （营业收入 - 营业成本）÷ 营业收入$$

这类比率的分析要点是：

（1）一个企业想要实现可持续发展，营业利润率必须保持一个稳定的数值,并且要在同行业中保持前列水平。然而在激烈的市场竞争中,要想长期保持在行业前列是困难的。假如客户的该指标大大超过行业的平均水平,我们就应谨慎,有可能存在粉饰报表的行为。

（2）将销售毛利率本期数值除以上期数值,得到的数值如果小于1,说明客户的盈利能力下降,这是客户前景不妙的一个信号。而前景不妙的客户容易发生报表粉饰行为。

2）应收账款÷主营业务收入

参考比率:

$$应收账款÷流动资产 \quad 应收账款周转率$$

这类比率的分析要点是:

（1）如果应收账款除以营业收入得到的数值过高,甚至超过1,则有可能是关联企业交易产生的虚假销售收入或应收账款长期挂账;如果数值过低,则有可能是恶意虚构销售收入。

（2）如果通过虚假销售、提前确认销售或有意扩大赊销范围调整利润总额,则这些销售应无法取得现金,因此当这些现象出现时,应收账款就会增加,表现在财务比率上,一方面,应收账款占流动资产的比重会增加;另一方面,可能体现为应收账款周转率下降。

（3）应收账款周转率大幅下降,可能是因为客户为应付激烈的竞争而改变信用政策扩大销售,也可能是通过虚增应收账款增加收入。无论哪种情况,客户粉饰报表的可能性都会增大。

3）不良资产÷净资产

参考比率:

$$3年以上应收账款÷应收账款总额 \quad 待摊费用÷流动资产$$

这类比率的分析要点是:

（1）将不良资产除以净资产,如果该比率接近或大于1,则说明该客户持续经营能力可能有问题。同时也可以将当期不良资产增加额与当期利润总额增加额相比较,如果前者超过后者,说明该客户当期的利润表可能"注水"。

（2）当客户采用推迟确认费用或损失时,客户挂账的费用就会上升,导致资本化的费用比例升高,例如待摊费用占流动资产的比重就会上升。

4) 销售商品、提供劳务收到的现金÷营业收入

参考比率：

$$经营活动产生的现金净流量÷净利润$$

对于正常生产的客户，该指标应该大于1。若该指标较低的话，则可能是关联交易较大或虚构销售收入，业绩来年很可能"变脸"。

5) 支付的所得税÷利润总额

参考比率：

$$支付的增值税款÷营业收入 \qquad 支付的增值税款÷营业利润$$

所得税税基是应纳税所得额，依据是税法；税前会计利润则依据会计准则计算。因此，税前会计利润与应纳税所得额之间存在差异是正常的，但应保持在一个合理的范围之内。

若所得税与税前会计利润之比（即"账面税率"）显著低于法定税率，则说明税前会计利润大部分在税法中不能确认为利润，税前会计利润可能有虚假成分。

此外还可根据"应交税金期末余额＝应交税金期初余额＋本期计提税额－本期缴纳税额"计算企业期末应交所得税余额，观察其是否与实际余额相差甚远。

增值税、消费税等为流转税。一般而言，流转税与营业收入之比（即"流转税率"）应相对稳定，且同业之间不会有太大差异。若该比率突然下降或显著低于同业水平，则有可能虚增营业收入。

7.3.3 利用财务报表勾稽关系识别真假

财务报表数据之间存在着许多勾稽关系，这些勾稽关系也在一定程度上可以反映报表的真实性。如果客户的利润很大，但经营活动现金净流量却很小，甚至为负数，那么，就可以断定该客户利润的质量很差；如果客户的利润很小，甚至为负数，而经营活动现金净流量却很大，那么，就可以推断该客户有利润造假的可能。因此，将财务报表中的相关指标联系在一起来对比、分析，并利用财务报表间的勾稽关系，可以判断出各指标的质量，并识别真假。

1) 资产负债表和现金流量表的勾稽关系

资产负债表中"货币资金"与现金流量表"现金及现金等价物净增加额"有关。

现金及现金等价物净增加额 ＝ 货币资金期末余额－货币资金期初余额

2）资产负债表和利润表的勾稽关系

资产负债表与利润表最基本的勾稽关系就是利润表中本年"净利润"栏所列数字，计提盈余公积和分配给股东的红利后，其余额应等于资产负债表中年末"未分配利润"栏所列数字，且计提的盈余公积数字需在资产负债表期末"盈余公积"项目中反映。

3）资产负债表、利润表和现金流量的勾稽关系

（1）资产负债表中"货币资金"与现金流量表中"现金及现金等价物净增加额"及利润表中"净利润"有关。

$$\begin{pmatrix}\text{现金及现金等}\\\text{价物净增加额}\end{pmatrix}=\begin{pmatrix}\text{货币资金}\\\text{期末余额}\end{pmatrix}-\begin{pmatrix}\text{货币资金}\\\text{期初余额}\end{pmatrix}=\begin{pmatrix}\text{期末负}\\\text{债余额}\end{pmatrix}-\begin{pmatrix}\text{期初负}\\\text{债余额}\end{pmatrix}+\begin{pmatrix}\text{期末所有者}\\\text{权益余额}\end{pmatrix}-\begin{pmatrix}\text{期初所有者}\\\text{权益余额}\end{pmatrix}-$$

$$\begin{pmatrix}\text{期末非现金}\\\text{性资产余额}\end{pmatrix}-\begin{pmatrix}\text{期初非现金}\\\text{性资产余额}\end{pmatrix}+\begin{pmatrix}\text{本年}\\\text{净利润}\end{pmatrix}$$

（2）资产负债表中"应收票据""应收账款""预收账款"与利润表中"营业收入"及现金流量表中"经营活动产生的现金流入"有关。

$$\begin{pmatrix}\text{销售商品、提供}\\\text{劳务收到的现金}\end{pmatrix}=\begin{pmatrix}\text{营业}\\\text{收入}\end{pmatrix}+\begin{pmatrix}\text{应交增值税}\\\text{（销项税额）}\end{pmatrix}-\begin{pmatrix}\text{应收账款}\\\text{期末余额}-\text{应收账款}\\\text{期初余额}\end{pmatrix}-\begin{pmatrix}\text{应收票据}\\\text{期末余额}-\text{应收票据}\\\text{期初余额}\end{pmatrix}+$$

$$\begin{pmatrix}\text{预收账款}\\\text{期末余额}-\text{预收账款}\\\text{期初余额}\end{pmatrix}+/-\begin{pmatrix}\text{特殊调整}\\\text{业务}\end{pmatrix}$$

提示：

上述公式中的特殊调整业务是指应收账款、应收票据和预收账款等账户的对应账户不是销售商品提供劳务产生的"收入和增值税销项税额类"账户，以及"现金类"账户的业务（上述三个账户内部转账业务除外）。

典型的特殊调整业务包括：计提坏账准备、应收票据贴现、"应交税金——应交增值税（销项税额）"账户中含有的视同销售产生的销项税额，如将货物对外投资、工程项目领用本企业产品等。

上述公式中的特殊调整业务作为加项或减项处理原则是：如果应收账款、应收票据和预收账款等账户（不含三个账户内部转账业务）借方对应的账户不是销售商品提供劳务产生的"收入和增值税销项税额类"账户，则作为加项处理；贷方对应的账户不是"现金类"账户的业务，则作为减项处理。

（3）资产负债表中"应付票据""应付账款""预付账款""存货"与利润表中"营业成本"及现金流量表中"经营活动现金流出"有关。

$$\begin{array}{l}\text{购买商品、接受劳}\\\text{务支付的现金}\end{array}=\begin{array}{l}\text{营业}\\\text{成本}\end{array}+\begin{array}{l}\text{应交增值税}\\\text{(进项税额)}\end{array}-\left(\begin{array}{l}\text{应付账款}\\\text{期末余额}\end{array}-\begin{array}{l}\text{应付账款}\\\text{期初余额}\end{array}\right)-\left(\begin{array}{l}\text{应付票据}\\\text{期末余额}\end{array}-\begin{array}{l}\text{应付票据}\\\text{期初余额}\end{array}\right)+$$

$$\left(\begin{array}{l}\text{预付账款}\\\text{期末余额}\end{array}-\begin{array}{l}\text{预付账款}\\\text{期初余额}\end{array}\right)+\left(\begin{array}{l}\text{存货期}\\\text{末余额}\end{array}-\begin{array}{l}\text{存货期}\\\text{初余额}\end{array}\right)+/-\begin{array}{l}\text{特殊调}\\\text{整业务}\end{array}$$

🔊 **提示：**

上述公式中的特殊调整业务包括：当期实际发生的制造费用（不包括消耗的物料）；生产成本中含有的生产工人的工资；当期以非现金和非存货资产清偿债务减少的应付账款和应付票据；销售业务往来账户与购货业务往来账户的对冲；工程项目领用本企业商品等。

上述公式中的特殊调整业务作为加项或减项的处理原则是：如果应付账款、应付票据、预付账款和存货类等账户（不含四个账户内部转账业务）借方对应的账户不是购买商品、接受劳务产生的"现金类"账户，则作为减项处理，如分配的工资费用等；如果应付账款、应付票据、预付账款和存货类等账户（不含四个账户内部转账业务）贷方对应的账户不是"销售成本和增值税进项税额类"账户，则作为加项处理，如工程项目领用本企业商品等。

（4）资产负债表中"长期股权投资"与利润表中"投资收益"及现金流量表中"投资活动产生的现金净流量"有关。

另外，资产负债表中资产规模扩张速度（主要是固定资产投资规模）与利润表中收入水平增长速度，以及现金流量表中投资与筹资活动产生的现金净流量不吻合，则说明报表可能失真。

4）利润表和现金流量表的勾稽关系

利润表中"财务费用"与现金流量表中"筹资活动产生的现金净流量"有关。

5）财务报表主表与明细表之间的勾稽关系

财务报表主表与明细表之间的勾稽关系有的比较简单，有的比较复杂，涉及数张报表发生额和余额的关系。

例如，固定资产及累计折旧明细表既与资产负债表中的固定资产原价、净值和累计折旧发生勾稽关系，又与现金流量表补充资料中的固定资产折旧发生勾稽关系。其他诸如无形资产及其他资产、待摊费用、预提费用等明细表也都存在上述的勾稽关系。

通过主表与明细表的逐项对照可以甄别财务报表编制中是否存在造假问题。

【例7-2】 某客户当年全年营业收入为 15 600 万元,除 12 月份之外,各月都较为平均,其中 1~11 月累计营业收入为 11 000 万元,而 12 月份一个月营业收入则高达 4 600 万元,且有 2 900 万元是应收账款产生的。

对此,可以判定该企业有操纵利润行为,银行在对客户的报表进行相关指标计算时应将 2 900 万元的营业收入予以剔除。即使第二年这一笔 2 900 万元的营业收入没有开红票冲回,这样的剔除也是应该的。因为它可能导致第二年营业收入减少,客户是将第二年的营业收入前置至本年。

【例7-3】 某客户 2020 年度利润总额为 4 000 万元,但资产负债表中长期待摊费用由年初的 300 万元增加到 8 700 万元。经查,该公司将当年折旧费用为 2 900 万元;管理费用为 2 000 万元;销售费用 3 400 万元列入长期待摊费用。银行在对客户的报表进行相关指标计算时,应将应该记入当期损益的 8 300 万元资产(长期待摊费用)调整为费用,调整后,该客户 2020 年度实际亏损额为 4 300 万元(4 000－8 300)。

学 以 致 用

➡ 问题与解答

1. 虚拟资产和不良资产如何界定。

答:虚拟资产是指企业已经实际发生费用或损失,但由于权责发生制原则的要求而暂时作为"资产"处理的有关项目,如待摊费用、递延资产、待处理财产损失等。

不良资产实际上是介于资产与费用之间的一个概念。它仍是资产,但是基本上不能或很少能给企业带来经济利益,或者已基本上不为企业所拥有或控制。它有些近似费用,但又可以不在本期确认为费用。

不良资产一般由以下四类构成:①三年以上的应收款项,包括三年以上的应收票据、应收账款、预付账款和其他应收账款;②待摊费用;③递延资产;

④各种损失。从严格意义上说,待摊费用和递延资产不属于不良资产,但考虑到它们不能给企业带来未来的利益,以及市场投资者的习惯用法,我们也可把它归入不良资产。

2.(1)甲客户涉及一起诉讼,根据类似案件很可能败诉,如果败诉预计要赔偿100万元左右。

问:甲客户能不能在资产负债表正表中不反映这起诉讼案件。

(2)乙客户涉及一起诉讼,根据类似案件很可能败诉,如果败诉要赔偿金额目前还不太清楚。

问:乙客户能不能在资产负债表正表中不反映这起诉讼案件。

答:(1)在资产负债表正表中必须反映。因为这起诉讼案件是预计负债。

理由:发生败诉的可能性>50%;赔偿的金额可以可靠计量。

(2)可以不反映。因为这起诉讼案件是或有负债,而不是预计负债。

理由:赔偿的金额不能可靠计量。

练习与思考

1. 某上市公司第1年和第2年利润表相关数据及账面利率如表7-2所示。

表 7-2 利润表相关数据及账面利率

单位:万元

时间	利润总额	应交所得税	账面利率
第 1 年	17 600	508	2.89%
第 2 年	42 300	719	1.7%

该公司享受的优惠利率为15%,要求推算出:

(1)第1年应纳税所得额和第2年应纳税所得额。

(2)两年中利润总额与应纳税所得额的差异。

(3)两年合计账面差异占两年合计利润总额的百分比。

(4)对该公司账面利率显著低于法定利率的情况,进行简要说明。

2. 广利公司是一家上市公司,主要的经营范围以及某年财务报表部分附注内容(见表7-3至表7-6)如下:

主要的经营范围:高新技术产品的开发、生产销售;动植物养殖、种植、加工、销售;天然物产的开发、加工、销售;食品、日用化工产品、酒的开发、生产销售;房地产开发兼营餐饮、客户服务、经济信息等。

表 7-3 应收账款账龄

单位:万元

账龄	金额	占比
1 年以内	41 845	77%
1 年以上 2 年以内	74 267	14%
2 年以上 3 年以内	2 200	4%
3 年以上	2 948	5%
合计	54 419	100%

表 7-4 应收账款金额前五名公司

单位:万元

公司名称	金额	账龄	备注
德国 A 公司	26 770	1 年内	依合同进度付款
武汉某公司	5 664	2~3 年	售楼款
河北某公司	1 080	2~3 年	依合同进度付款
武汉某集团	1 000	2~3 年	售楼款
安徽某公司	822	1 年内	依合同进度付款

表 7-5 预付账款账龄

单位:万元

账龄	金额	占比
1 年以内	18 349	93%
1 年以上 2 年以内	383	2%
2 年以上 3 年以内	917	4%
3 年以上	151	1%
合计	19 800	100%

表 7-6 预付账款金额前五名公司

单位:万元

公司名称	金额	账龄	备注
德国 B 公司	16 579	1 年内	预付购设备款
郑州某公司	323	1 年内	预付货款

（续表）

公司名称	金额	账龄	备注
蚌埠某公司	254	1 年内	预付货款
河北工程处	230	1 年内	预付工程款
张家港公司	159	1 年内	预付货款

根据附注提供的数据线索,您认为应该查询和搜集哪些信息,分析调查的重点应该是什么?

➡ 案例与评析

对开发票制造假业绩

当客户申请流动资金贷款时,银行都会考虑客户营运规模,并往往依照客户销售额来决定贷款额度,此时,有的客户之间会互相开立发票来制造业绩。

某金融机构征信人员在贷前调查中发现甲乙两家公司分别以汇票向该机构不同分行申请贴现,经其调阅两家公司融资记录后,发现有如表7-7和表7-8的交易记录。

表7-7　甲公司汇票记录

单位:元

发票日期	发票人	发票金额
2020.9.18	乙公司	260 000
2020.9.19	乙公司	260 000
2020.9.21	乙公司	260 000

表7-8　乙公司汇票记录

单位:元

发票日期	发票人	发票金额
2020.9.22	甲公司	780 000

评析:

上述两表显示甲公司对乙公司之销售额合计数为 780 000 元,而在同一期间,乙公司对甲公司的销售额竟然也是 780 000 元。这种短期内两家公司进项金额和销项金额都相同的巧合,通常可以作为合理怀疑两家公司有对开发票制造假业绩现象的依据。

由上述计算可知,两家公司互开发票制造假业绩,不仅可以取得融资,而且因为增值税进项金额和销项金额相抵,甲、乙公司应纳税额均为零,即不用缴纳增值税。因此,实务中这种现象非常普遍,值得银行信贷部门注意。

非财务调查篇

FEI CAI WU DIAO CHA PIAN

第 8 章
非财务因素信息调查

■楔子:

信贷客户调查的左膀与右臂

非财务因素是指除会计信息以外所有影响企业经营的重要因素。非财务因素是贷款风险的一个重要组成部分。非财务因素调查与财务因素调查和后续担保调查相互印证、相互补充,为全面动态地判断贷款的风险程度,确定贷款的调查结果提供充分和必要的依据。可以说,财务因素调查是信贷客户调查的"左膀",非财务因素调查则是其"右臂"。

核心知识

8.1 非财务因素调查的功能

8.1.1 非财务因素调查的内容

为什么在贷款风险调查中要引入"非财务因素"这一概念呢?

一是我国会计环境不规范,客户财务报表资料往往不完整、会计信息不真实,甚至造假的现象也时常出现。

二是非财务调查的重点是影响贷款风险未来变化的各种非数据信息,可以不受会计数据信息局限性的影响,对客户经营行为进行直接的"描述"。

简言之,非财务因素调查与财务因素调查一样,是贷款风险的预警信号。

那么,在信贷客户调查中,需要调查和分析哪些非财务因素呢? 图 8-1 描述了非财务因素调查的一般内容。

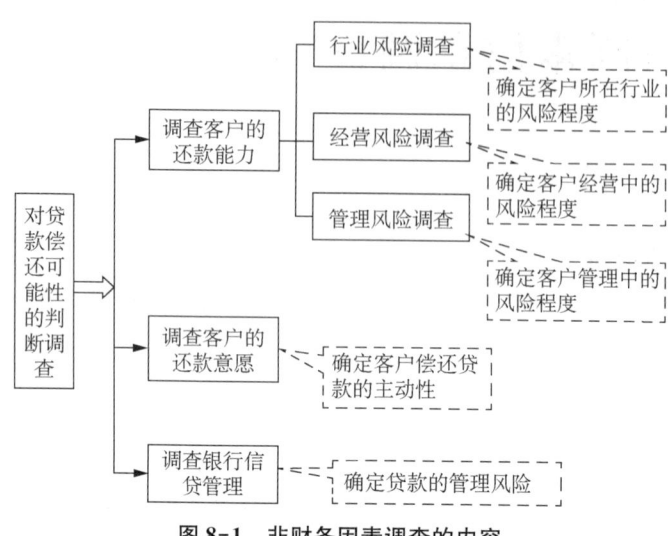

图 8-1　非财务因素调查的内容

8.1.2　非财务因素调查的作用

在现代金融体系下,非财务因素因其信息量大、隐含信息丰富和动态发展等特点,已经成为客户信用风险调查中的重要内容。它有助于信贷人员把握贷款质量,更好地对客户的发展态势进行即时跟踪并得到综合结论。非财务因素调查的具体作用如下。

1）全面、动态地判断客户的还款能力

客户的经营和财务状况受其行业风险、经营风险和管理水平等各种因素的影响,并始终处于不断变化之中。对影响客户的还款能力的各种非财务因素进行调查和综合分析,有助于对客户的还款能力作出更加全面的评估。

2）全面评估贷款偿还的可能性

还款能力是决定贷款偿还的根本性因素,但并不是唯一的因素。有些贷款发生逾期往往不是客户缺乏还款能力,而是缺乏还款意愿,有钱不还;或者是由于银行贷款管理方面出现了问题,如缺乏对贷款的严格监督和有力催收等。在贷款风险分析中,我们不仅要关注客户的还款能力,而且要对客户的还款意愿,以及银行信贷管理工作进行分析。只有这样,才能全面评估贷款偿还的可能性,得出正确的分析结果。

3）促进银行的信贷管理工作

在贷款中对非财务因素的调查,不仅客观上要求商业银行在日常信贷管理中,建立完善的信贷管理信息系统,而且有助于银行及时发现贷款经营管理中存在的问题,从而健全内部控制,堵塞漏洞,防患于未然。

8.2　客户还款能力调查

客户还款能力调查包括行业风险调查、经营风险调查和管理风险调查三个方面。

8.2.1　客户行业风险调查

所谓行业风险,是指由于行业变化、产品过时、消费者偏好变化、技术进步、进入壁垒降低或竞争加剧,而引起的企业收入减少、市场份额丢失或财务绩效全面下降的风险。

行业风险并不是近年来才有的现象,早在 100 多年前就有相关案例存在。

19 世纪和 20 世纪初期,马车制造业非常成功。与此同时,马鞭制造业也随之兴旺。两个行业的主要生产商都提供了让大部分顾客喜欢和满意的、构造良好的系列产品。很多人可能因此而看好这些企业。

然而,若没有分析整个行业、配套行业以及竞争行业的动态发展,而只分析马车和马鞭生产商,最终将导致财务决策失误。因为马车虽然曾经是主要的交通工具,但汽车业的发展最终使它们过时并被抛弃。如果当时的放贷机构没有看到这种关联性,并因此没有考虑到真正的行业风险,那么就会作出糟糕的信用决策。

该案例给我们的启示是,主流行业的趋势、新产品的出现以及竞争加剧,都可能与现有行业的迅速衰退有关。

下面从五个方面阐述行业风险调查涉及的内容。

1）行业的类型

根据销售和收入的前景,可以将行业分为五类。每类行业的特征都会影响其信用质量。

（1）成长型行业。

成长型行业是指那种还没有在所有可能的市场上销售,但是在新的市场、新的客户和新的产品上还有很大的销售潜力,总体上比其他行业以更快的速度增长,相对增长速度高出5％以上的行业。

（2）成熟型行业。

成熟型行业是指那种已经在大部分可能的市场上把产品卖给大部分可能的消费者,市场增长潜力与其他行业相比基本持平,相对增长速度在−5％～5％的行业。

成熟型行业能否稳定增长,主要取决于供给与需求的平衡。例如制造业的工厂利用率就是一个表明企业是否健康的标志。工厂利用率低于80％的企业通常正经历着价格低迷的萧条,这种情况将一直持续到需求重新增长（通常是季节性或经济周期的结果）,或者更多生产能力被重新利用为止。

（3）补缺型行业。

补缺型行业是大公司中细分经营的部分和细分产品的部分。这些部分对较小的行业参与者来说,是有增长潜力和机会的。

补缺型行业试图利用大公司的低效率,使自己聚焦于一个狭窄的产品线上。从理论上来说,这能以更有竞争力的价格生产出更有竞争力的产品。大部分行业里,成千上万的小供应商支撑着大公司的产品生产。一个很好的例子是汽车行业,例如,上汽集团公布的配套供应商就近600家。这些中小供应商不仅容易受到整个汽车行业动态的影响,而且还受到它们所支持的那些大供应商和汽车生产商境遇的影响。这是补缺型行业典型的生存状态。

补缺型行业依赖于大公司的成功,并且竞争对手多。因此,补缺型行业信用风险高。银行不应该把过多的贷款提供给补缺型客户。

（4）周期型行业。

周期型行业不仅受到经济波动的影响,而且容易受到引发财务压力的供需动态变化的影响。因此,在这些行业中主要的挑战是能否保持持续的销售业绩。

季节性是周期性行业的显著特征,供需波动大。对一些客户来说,在市场状况下,周期变化的速度和幅度的大小可能意味着生存和失败的差别。大部分违约情况发生在周期性低谷期间。

（5）全球型行业。

全球型行业是一种典型的成熟型行业，它的销售遍及国内外，因此对竞争者来说销售增长机会很大。但是，来自物流和政治方面的挑战也很大。信贷部门应密切关注相关的政府和国家政策风险。例如，当地对外国产品征收关税，会影响产品价格。

2）行业成本结构

（1）高经营杠杆行业。

固定成本占总成本比重较高的行业为高经营杠杆行业。其平均成本随着生产规模的扩大会有明显的下降，产销量越大，盈利水平越高，如高级宾馆、钢铁、汽车等行业。高经营杠杆的行业为降低成本，往往采用价格战等手段，扩大市场份额，竞争相对激烈。

（2）低经营杠杆行业。

变动成本占总成本比重较高的行业为低经营杠杆行业。生产规模的扩大对其平均成本和盈利水平的影响不是十分显著，如服装加工、商业批发、家用电器维修等行业。低经营杠杆的行业在市场竞争中，很容易通过变动成本来调控企业总成本，在产销量波动时，可以处于相对有利的地位。

（3）债务结构与需求量。

一般来说，企业的债务结构受其行业成本结构的影响较大。高经营杠杆行业对中长期贷款需求量较大，低经营杠杆行业对短期贷款的需求较多。由于高经营杠杆行业的贷款风险（尤其是中长期贷款）和其行业风险的关联程度很高，因此在对客户非财务调查时，行业风险调查是重点项目之一。

（4）不同行业、类型的企业资产分布。

对资产负债表上资产分布状态分析，可以了解客户所在的行业，同时也可根据客户行业特点来分析其资产分布是否合理。我国不同行业、类型的企业资产分布比例如表8-1所示。

表8-1 我国不同行业、类型的企业资产分布比例

项目	工业	商业		服务业	
	制造业	批发业	零售业	资金密集	劳动密集
现金	5%～8%	5%～8%	5%～8%	5%～8%	5%～20%

项目	工业	商业		服务业	
	制造业	批发业	零售业	资金密集	劳动密集
应收账款	20%～35%	30%～35%	0%～10%	0%～20%	20%～60%
存货	25%～35%	35%～50%	50%～60%	0%～10%	0%～10%
固定资产	30%～40%	10%～20%	10%～20%	50%～70%	10%～30%
其他	5%～10%	5%～10%	5%～10%	5%～10%	5%～10%
总资产	100%	100%	100%	100%	100%

3) 行业依存度

在经济结构中，各行业之间存在不同程度的依赖性。典型的依存关系有房地产业与建筑材料行业，种植业与食品，钢铁业与汽车制造业，石化业与纺织业之间的关系等。因此，在调查客户所处行业风险时，有必要分析其依存度。

客户所在行业对其他行业的依存度越大，受所依存行业的影响也就越大。仍以汽车行业为例，如果这一行业呈现萧条，那么与之相关的钢铁、玻璃和轮胎等行业也可能出现萧条。一般来说，行业的供应商和顾客群越多元化，该行业对其他行业的依赖性就越小，其贷款风险受其他行业变化的影响就越小。

4) 行业产品的可替代性

可替代产品是指那些与某行业的产品有相同、相似功能或能满足相同需求的产品。行业的产品是否存在可被替代的风险，与替代产品的多寡和顾客使用替代产品的转换成本（如替代品的价格与之相当甚至低于该行业产品）高低有关。

如果一个行业的产品性能独特和自然垄断，例如城市供水、供电行业，不存在替代产品，也就不存在行业产品被替代的风险。如果一个行业的产品有许多替代品，而且转换成本较低，则该行业产品被替代的可能性就很大，相应的行业风险也就比较大。例如，近年我国高铁的发展，对公路、航空等交通行业产生影响。

5) 行业环境

（1）行业的法律环境。

法律环境的改变可能促进某些行业的发展，也可能对某些行业的生存和发展产生负面影响。例如国家近年对野生动物保护法的相关规定进行修订,并颁布最新禁食野生动物名单,不仅使以野生动物器官为生产原料的制药业也受到严重影响,而且使一些营销野生动物的餐饮业也受到影响。对这些行业的贷款显然有着较高的风险。

(2) 行业的宏观环境。

宏观环境是指国家的宏观经济政策、产业政策、信贷政策、区域政策、环保政策等。宏观环境变化会对行业发展产生影响,尤其对一些经济周期敏感性的行业尤其如此。例如,全世界的航空业、旅游业和餐饮业等都会受到宏观环境的影响。

🔊)) 提示:

客户行业风险预警信号:

(1) 行业整体衰退,销售量呈现负增长。

(2) 行业为新兴行业,虽已取得有关产品的专利权或技术认定,但尚未进入批量生产阶段,产品尚未完全进入市场。

(3) 出现重大的技术变革,影响到行业产品和生产技术的改变。

(4) 政府对行业政策进行了调整。

(5) 经济环境发生变化,如经济开始萧条或出现金融危机,行业发展受到影响。

(6) 国家产业政策、货币政策、税收政策等经济政策发生变化,如汇率或利率调整,并对行业发展产生影响。

(7) 存在密切依存关系的行业供应商或顾客的需求发生变化。

(8) 与行业相关的法律规定发生变化。

(9) 多边或双边贸易政策有所变化,如政策对部分商业的进、出口采取限制或保护措施。

8.2.2　客户经营风险调查

每个客户都有其独特的经营特点,而这些独特的经营特点又在很大程度上影响其最终的还款能力。因此,在行业风险调查的基础上,还需调查客户的经营风险。

1) 经营特征

客户的经营特征,主要体现在其经营规模、核心竞争力、产品特征和市场状况等方面。

(1) 经营规模。

一般来说,经营规模与经营风险成反比。经营规模越大,行业市场份额也就越大,客户经营也就越稳定;反之,规模越小,客户越容易被竞争对手挤出市场,面临越大的经营压力。

(2) 核心竞争力。

核心竞争力是指企业协调不同生产技能和整合多种技术,并据此获得超越其他竞争对手的独特能力。核心竞争力是客户的潜力、技术、产品、管理、文化的综合优势在市场上的反映。

(3) 产品特征。

客户产品的竞争力不仅取决于产品品牌等多种因素,还取决于产品自身的性能价格比。那些性能先进、质量稳定、销售合理的产品,往往在市场上具有较强的竞争力,能为客户赢得市场和利润。

(4) 市场状况。

客户在行业中的地位是衡量其经营风险的重要因素。如果客户在市场上保持较高的占有率,或被公认为行业龙头,其面临的经营风险就会相对较小。另外,客户在市场中的形象和声誉也是评判其市场状况的重要因素。

2) 经营循环

经营循环指的是客户从收到订单到出售产品和提供服务的全过程。以工业企业为例,经营循环如图 8-2 所示。

从图 8-2 可知,工业企业经营循环主要包括采购、生产和销售三个环节。只有三个环节顺利进行,才能完成持续经营和资产转换周期,并保证贷款的及时偿还。

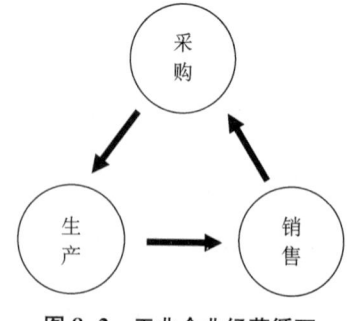

图 8-2 工业企业经营循环

(1) 采购环节。

采购环节的主要风险在于原材料价格、购货渠道和采购量等方面的控制。一般来说,如果客户能够影响其供应商的价格,就能够很好地控制其生产成本,按计划完成经营周期,实现经营目标。同时,如果采购渠道较多,客户就会获得较好的采购价格和稳定的供应,从而保持较低的存货储存量,降低成本。

（2）生产环节。

生产的连续进行、先进的生产技术和产品质量的管理,是影响客户生产环节顺利完成的主要因素。

生产连续性的重要保证是严格的生产管理、完善的安全生产保障措施、配套的环保措施以及融洽的劳资关系等。

生产技术的先进性,可以从企业生产技术更新的速度、在同行业中的水平以及技术更新是否符合行业发展方向等方面来评估。

产品质量管理水平的重要标准是,客户是否建立了适合企业特点的质量管理标准和质量管理体系。

（3）销售环节。

销售环节分析是非财务分析的重点,并且与财务分析有着相对更为密切的联系。

对客户销售环节分析的重点是目标市场的选择、产品促销能力和销售服务能力。例如,一家服务型企业,其低下的售后服务质量可能会直接导致其收入和利润的下降,最后的结果是影响其贷款的偿还能力。

◀)) 提示:

客户经营风险预警信号:

（1）客户经营活动发生显著变化,处于停产、半停产或经营停止状态。

（2）主要经营数据在行业中呈现不利的变动趋势。

（3）业务性质、经营范围发生重大改变。

（4）兼营不熟悉的业务或在不熟悉的地区开展业务。

（5）主营业务向跨度较大的新行业进行转移,在一个新的、不熟悉的领域进行业务多样化。

（6）外部经济环境出现重大技术改革,导致借款人产品和生产技术的改变。

（7）进出口供应商所处国家的政局不稳定，或金融形势发生严重动荡。

（8）不能适应市场变化或顾客需求的变化。

（9）持有大额定单的情况下，如果不能较好地履行合约，可能引起巨额损失。

（10）产品较为单一。

（11）对存货、生产和销售的控制能力下降。

（12）对一些客户或供应商过分依赖。

（13）在供应商链中的地位关系发生变化，如供应商不再供货或减低授信额度。

（14）购货商减少采购。

（15）丧失了主要的产品系列、特许经营权、分销权或供应来源。

（16）企业的经营地点发生不利的变化或分支机构分布不合理。

（17）收购其他企业或者开设新销售网点，对销售和经营有明显影响，如收购只是基于财务动机，而不是与核心业务有密切关系。

（18）出售、变卖主要的生产经营性固定资产。

（19）厂房和设备未得到很好的维护。

（20）没有及时更新或淘汰过时的、效率低下的厂房或设备。

（21）建设项目的可行性存在偏差，或计划执行出现较大的调整，如基建项目的工期延长，或处于停缓状态，或概预算调整。

（22）借款人的产品质量或服务水平出现下降。

8.2.3　客户管理风险调查

一般来说，管理不善是导致客户还款能力下降，甚至丧失的一个根本性原因。表8-2列示了客户管理风险调查的内容。

表8-2　管理风险调查

项目	内容
组织形式及其变化	客户的组织形式是否有变化及其变化是否有利于企业的经营管理，应该在信贷调查时予以关注。对涉嫌利用企业兼并、租赁、转让、承包、分立等形式恶意逃废银行债务的贷款应予以充分关注

（续表）

项目	内容
公司治理	良好的公司治理是现代企业健康发展的基础,也是客户具有持续稳定还款能力的重要保证。在信贷调查中,应重点关注存在明显或潜在公司治理问题的客户
管理层素质和稳定性	对客户管理层素质的调查着重于管理人员的专业背景、行业管理经验及熟悉程度等。同时,管理层的稳定性也是一个十分重要的问题。如果高级管理人员频繁更换,该客户就很难顺利实现经营目标
经营思想	正确的经营思想和健康的企业文化,是客户可持续发展的内在源泉。另外,客户经营的稳健性会对贷款风险产生实质性影响,过于冒险的经营会使银行贷款面临较高的风险
关联企业经营	在信贷调查时,要充分关注客户与其关联企业之间的关联程度,具体分析关联企业的经营状况和财务状况,并评估其对客户还款能力的影响
财务管理能力	财务管理薄弱是许多企业失败的主要原因。有效的财务管理要求企业必须建立有效的内部控制制度。另外,客户的财务信息质量和融资能力也是评价客户财务管理能力的重要指标
法律纠纷和重大事项	客户有时会遇到一些法律纠纷问题,例如客户与供应商、消费者的纠纷,客户受到税务、银行、工商、环保等部门的处理或处罚等,都会对还款能力产生影响。另外,一些重大事项,如客户经营范围的重大变化等也会对客户的还款能力产生影响
自然社会因素	战争、自然灾害等均会对客户带来意外风险,从而影响还款能力。在社会因素方面,则有可能给客户带来转机,也有可能带来风险。如一家严重亏损的老企业可能会因城市建设需要拆迁,从而可以将获得的土地补偿偿还逾期贷款;而临街的一家经营良好的餐饮店骤然间变得前景黯淡

》提示:

客户管理风险预警信号:

（1）客户组织形式发生变化,如进行租赁、分立、承包、联营、并购、重组等,并对贷款的偿还产生不利影响。

（2）管理层对环境和行业中的变化反应较为迟缓。

（3）高级管理层之间出现严重的争论和分歧。

（4）组织结构过度复杂，可能是隐瞒事实或阻碍调查的手段。

（5）最高管理者独裁，听不进不同意见或者周围围绕的都是说好话的人。

（6）管理层品行低下、缺乏修养或员工士气低落。

（7）高级管理层或董事会成员变动频繁。

（8）管理层的核心人物突然死亡、生病、辞职或下落不明，没有相应的继任者。

（9）中层管理层较为薄弱，缺乏系统性和连续性的职位安排，企业人员更新过快或员工不足。

（10）管理层对企业的发展缺乏战略性的计划，或者计划没有实施甚至无法实施。

（11）管理层缺乏足够的行业经验和管理能力，或只有财务专长而没有技术、操作、战略、营销和财务技能的综合能力。

（12）管理层的经营思想变化，表现为极端的冒进或保守，希望或坚持进行商业冒险或者承受不确定的风险。

（13）提前宣布对未来情况的积极预期，这往往预示着自欺和不承认已出现的问题。

（14）冒险参与企业收购、新企业投资、新区域开发或新生产线启动等投机活动。

（15）董事会和高级管理人员以利润为中心，并且不顾长期利益而使财务发生混乱、收益质量受到影响。

（16）提供虚假财务报表、证明文件或其他资料。

（17）经营指标出现极度超常的过度增长。

（18）管理替代了内部控制，如负责销售的公司副总裁有权让会计部门准备大额支票。

（19）借款人的主要股东、关联企业或担保单位发生了重大的经营管理变化，如改制或遇到重大诉讼。

（20）借款人遇到纠纷或法律问题，如受到税务、市场监督等部门的处理，或者主要管理人员涉及法律问题。

（21）借款人从事走私活动或有骗取出口退税行为或其他逃税、漏税行为。

（22）借款人涉嫌非法转移财产。

（23）监管机构发布有关上市公司的不利预警信息。

8.3　客户还款意愿调查

客户的还款意愿在很大程度上取决于管理层的信用意识和法律意识。诚实守信、遵纪守法是经商之道，但有的客户在经营中偷税、漏税，有的采用提供虚假报表、隐瞒事实等不当手段套取银行贷款，有的故意拖欠银行贷款。这些行为都反映了客户管理层的法律意识淡薄，道德品质存在缺陷。

值得关注的是，有时由于客户在经营资金方面暗含危机，或是银行缺乏有效的贷款监督，收贷不力，还款意愿差只不过是一种假象或结果而已，这时，就需要对拖欠贷款的原因进行具体的分析。

另外，在评价客户的还款意愿时，不仅要依据客户的还款记录，还应关注其在其他银行、供应商等债权人那里的还款记录，只有这样才能全面客观地揭示客户的还款意愿。

🔊 提示：

客户还款意愿预警信号：

（1）客户拖延支付贷款的本金、利息或费用。

（2）客户不能偿还对其他债权人的债务。

（3）管理层对银行的态度发生改变，变得冷淡、不合作或不够友善。

（4）银行无法与客户进行正常的联络。

（5）客户提供虚假的财务报表或其他信息、资料。

（6）客户不能提供银行所要求的信息资料，如供销合同、项目进展报告。

（7）银行不能取得财务报表或报表延迟。

（8）突然更换其注册会计师、法律顾问或主办结算银行，或对其他银行或当前的注册会计师有不满的言行。

（9）外部评级机构对客户的评级进行调整。

（10）接到许多其他银行的资信咨询调查。

（11）客户违反与其他银行或债权人的协议，不能偿还其他对外债务。

（12）客户以非正常途径或不合理的条件向其他银行取得融资。

（13）客户提出再融资或重组贷款。

（14）客户向其他银行的信贷申请被拒绝。

（15）借款企业的存款余额和结算量不断下降。

（16）客户严重依赖对银行的短期贷款。

（17）客户在申请季节性贷款时，申请的时间所发生的显著变化。

（18）客户贷款申请规模或频率的急剧变化，如借款大量增加，与客户的业务规模不成比例。

以上所述客户的还款能力和还款意愿是决定贷款能否及时、完整收回的关键因素，但必须指出的是，银行信贷管理的有效性，也会影响贷款的及时足额收回。例如，违法违规贷款、不符合银行信贷政策和管理制度的贷款、贷款文件不够完备、缺乏对担保的有效控制、缺乏有效的贷款监督、对不良贷款缺乏有效管理、存在信贷集中等都会对银行的贷款质量产生重大的影响。

🔊 提示：

银行信贷管理预警信号：

（1）违反国家有关法律和法规发放的贷款，如以贷收息、借新还旧、违规展期、账外贷款、违反国家外汇管理规定、违反利率规定以及借款人不具备《贷款通则》所规定的资格和条件的贷款。

（2）对关系人的信用贷款或以优于同类贷款条件向关系人发放的担保贷款。

（3）违反银行信贷政策和贷款审批程序或弄虚作假发放的贷款。

（4）超权限审批贷款未按照资产转换周期确定合理的贷款期限。

（5）超授信额度发放贷款等。

（6）客户采取欺诈手段骗取贷款或套取贷款用于牟取非法收入。

（7）客户未按规定用途使用贷款，如客户申请一笔用于存货购入的流动资金贷款,被挪用于房地产购置。

(8) 客户挪用贷款炒卖证券、期货、房地产等投机性活动。

(9) 客户利用贷款从事企业间相互借贷活动以及其他国家禁止的非法融资活动。

(10) 偿付来源与贷款目的不一致,如原定用存货出售后归还的流动贷款,必须依赖房产的出售收入归还。

(11) 贷款的偿还受到行政干预。

(12) 贷款合同或担保合同等文件存在重大瑕疵或法律方面的问题。

(13) 借款合同或担保合同已超过诉讼时效。

(14) 信贷档案不全,重要文件遗失,对贷款偿还有实质性的影响。

(15) 银行对贷款缺乏有效的监督,不了解贷款的实际使用情况和还款来源。

(16) 贷款抵押品价值下降或银行对抵押品失去有效控制。

(17) 银行对不良贷款进行不断更新,而未按计划缩减贷款。

(18) 贷款需要重组或已经进行过重组。

(19) 银行已诉诸法律来清收贷款。

提示:

还款意愿与还款能力涉及的关键问题是违约成本。

违约成本指借款人违约所要承担的各种经济和非经济的损失,包括抵质押物的损失、违约罚息、自身信誉的损失、担保人担保损失、法律制裁损失、来自社会方方面面压力造成的心理损失等。

判断借款人的违约成本是信贷调查的重要内容。

学以致用

问题与解答

1. 银行信贷部门可以通过哪些渠道获得客户的非财务信息?

答:非财务信息可以从以下几个渠道获得。

（1）企业渠道。

企业出于销售、宣传、文化建设等目的自行编制的资料。其一般包括企业的发展史、股权结构、产品系列、市场表现、经销网络、荣誉奖项等信息,这是最容易取得的资料,具有一定的参考价值,但属于"正面评价"或"溢美之词"。

（2）上市公司资料。

上市公司的非财务信息相对较容易取得,一是信息披露相对充分;二是研究者多。

（3）网络媒体。

在网络时代,企业的相关产品、市场等信息在互联网上都有所披露,企业的负面消息也多从互联网上率先传播。

（4）第三方信息。

企业之外的供应商、经销商、竞争者、税务部门、其他银行、专业研究机构等所反映的情况。

（5）信贷登记咨询系统。

中国人民银行建立的企业贷款登记咨询系统。

2. 什么是行业生命周期?

答:行业由成长到衰退的演变过程称为行业生命周期,一般包括新兴、成熟、衰退三个阶段。

新兴行业是由于技术革新和需求变化等带来新的商业机会的行业,如信息通讯、新型材料、生物工程、环境保护等产业。新兴行业也会因成熟度不足导致经营风险,银行对新兴行业的贷款应持谨慎态度。

成熟行业由于技术成熟,行业标准已经形成,虽然市场竞争激烈,但市场稳定,竞争的焦点集中于价格和售后服务。例如,彩电、电冰箱、洗衣机等家用电器行业属于较为典型的成熟行业。成熟行业的贷款,主要用于解决营运资金的临时性不足,以及厂房、设备的更新改造等,贷款的风险程度小于新兴行业。

衰退行业的标志是产品过时,销售量大幅下降,供过于求,替代品产业快速增长等,如家用缝纫机、录像机、自行车等制造企业,贷款风险大。但个别企业可能因有稳定的客户,在一定时期仍是盈利的。在调查时关键是要看客户的实际经营情况和财务状况。

📌 练习与思考

1. 试从行业成本结构分析服装加工业、汽车制造业的风险。

2. 某商业银行一直给予蒙牛产品在当地的总经销 100 万元的纯信用贷款,此授信业务属于随还随贷,已经滚动使用多年,从未出现过不良情况。

这家总经销是一家贸易型的小企业,根本不能拿出合格的抵质押品,但其生意一年的营业额有上亿元,纯利润有 120 万元。另外,作为蒙牛产品的地区级总经销,还必须在蒙牛公司存 100 万元信誉保证金。在这样的情况下,如果借款人违约,其所承担的最低违约成本是多少?

📌 案例与评析

请根据以下材料对案例中企业的行业风险进行分析。

安徽省蚌埠市××集团的主要产品是氨基酸、柠檬酸、淀粉糖及油脂,这些产品主要由玉米、花生和菜籽加工而成,该集团现拥有年产 150 万吨玉米、40 万吨花生和菜籽等油料的加工能力。其中氨基酸和柠檬酸的年产量分别为 4 万吨和 18 万吨,且柠檬酸占世界年产量的 10%～12%。该集团的产品销量很好,但是它的生产过程却十分容易造成污染。2020 年 6 月 20 日,国家环保部门公布了三个督察组对沿淮河四省暗查发现的 52 家违法超标排污企业,该集团名列其中。作为当地的大企业,该集团污水不达标引起各方高度重视,该厂因此停止了味精和酒精的生产。后来,该厂排放的废水被环保部门 24 小时监测。这不仅影响了该厂正常的生产秩序,更对其收入造成了一定的损失。

评析:

该企业本身经营业绩是非常好的,但它的经营触犯了国内环境保护的相关法律，最终非经营的原因导致收入减少。这种风险有时可能就连企业自己都不是很了解，银行也就更难考虑到了。如果银行在贷款之前能认真考察企业的各种许可证件和执照包括环保的证书、特殊产品生产的执照等，就可能发现其中的蛛丝马迹，从而重新考虑对其贷款的发放。

第9章
贷款担保信息调查

■楔子：

银行为自己买保险

贷款担保是保障银行债权实现的法律措施，为银行提供了一个可以影响或控制的潜在还款来源。正如人们所说，担保是银行为自己买保险，是银行防范风险的重要手段。需要指出的是，贷款担保提供的是次要还款来源，它不能取代客户的信用状况，不能确保贷款一定能得到偿还。因此银行在对客户贷款风险进行调查时，贷款担保要与财务因素和非财务因素相互印证、相互补充，为全面动态地判断贷款的风险程度，确保贷款调查结果的真实性提供充分和必要的依据。

核心知识

9.1 贷款抵押调查

贷款抵押是指借款人或第三人在不转移财产占有权的情况下，将该财产作为银行债权的担保。贷款抵押是一种物的保证。银行持有抵押财产的担保权益，当借款人不履行借款合同时，银行有权以该财产折价或者以拍卖、变卖该财产的价款优先受偿。

9.1.1　抵押物风险及其防范

1）抵押物的选择与认定

在银行抵押贷款关系中，抵押物的选择是个关键，因为它是抵押权的直接对应物，具体如表9-1所示。

表9-1　抵押物的选择与认定

选择抵押物的基本原则	抵押物一般是具有变卖价值和可以转让的物。没有交换价值，不是独立物不能作抵押物
抵押物选择的标准	抵押物必须合法，即抵押物必须是合法取得
	抵押物必须是流通物，禁止流通物不能抵押；抵押物必须适用，宜于变现和处分；抵押物的使用期必须长于借款期
	借款到期后，抵押物的变现价值大于借款本息
	抵押物的价值必须大于借款的本息

2）抵押物的评估及抵押率的确定

客户无论是用动产还是用不动产进行抵押，其抵押贷款额度是由抵押物的现值和抵押率两个主要因素决定的，是银行办理抵押贷款的关键。

（1）抵押物现值的确定。

抵押物现值的决定因素如表9-2所示。

表9-2　抵押物现值的确定

抵押物现值的决定因素	显性价值	固定资产账面净值
	隐性价值	固定资产地理位置的商业性
		使用价值的再利用性
		技术进步所带来的无形的减值

不过我们应当注意，抵押财产在核定抵押价值时，一般必须通过权威部门的评估。特别是房屋和土地使用权的价值确定，必须由房地产管理部门指定或认可的专业评估机构评估，并出具正规的评估报告，方可进行财产抵押。

（2）抵押率的确定。

抵押率是指贷款金额与抵押物价值之比，它在某种意义上反映了抵押作为次要还款来源的保障程度。抵押率的确定受许多因素的影响,如表 9-3 所示。

表 9-3　抵押率的确定因素

因素	操作方法
抵押物市场行情的变化	我们在确定抵押率时,一定要对抵押物在办理抵押时的市场供求状况作出科学的分析和预测。如果价格趋势在抵押期间不会出现回落,其抵押率就在规定范围内高一些;如果价格趋于平稳,其抵押率应在规定限度内的中准线以下
抵押物的物理变化和抵押物的折旧率在抵押期内对抵押率的影响	在确定抵押率时,应将抵押物在抵押期内的折旧额从抵押额中扣除,保证抵押额的真实性。同时也要剔除抵押物在抵押期内由于物理性的变化造成的损失额
处理费用	主要指用于处理抵押物所引起的一切有关费用,该费用应从抵押额中扣减
抵押率的计算公式	抵押率＝(1－抵押物预计贬损值÷抵押物现值)×100％

在我国,有的银行规定,抵押率最高不得超过 70％。对一些科技含量高、更新速度快的机器设备的抵押率应低一些,如电脑的抵押率一般不应超过 50％。抵押贷款额就是抵押物现值和抵押率的乘积,这也是发放抵押贷款的最高额度。

3) 抵押物现值和抵押率的确定

在抵押实务中,最主要的抵押财产类型有土地使用权、房产和动产(包括交通运输工具)等三种。在实践中,商业银行可参照以下操作方法确定抵押物现值和抵押率。

(1) 无地上定着物的土地使用权现值的确认以取得土地实际支付的金额为计算依据,抵押率最高不超过 70％。

(2) 以依法取得的房屋所有权与土地使用权共同抵押的,土地使用权性质为出让方式的,现值以房地产市场交易或实际投入价值扣除折旧为计算依据,抵押率最高不超过 70％;以依法取得的房屋所有权及占用范围内的土地使用权同时抵押,土地使用权性质为划拨方式的,现值以评估价格为计算依据,在扣除应补交的土地出让金及其他税费后,抵押率最高不超过 50％。

(3) 以集体所有土地上的房屋建筑及其占用范围内的土地使用权一并抵押的,现值以其评估价值中的建筑成本(重置价格)为计算依据,抵押率最高不超过 50%；以城区以及主要镇区内的个人住房抵押的，现值以评估价格为计算依据，抵押率最高不超过 50%；以个人商用房和非城区或非主要镇区的个人住房抵押的，现值以评估价格为计算依据，抵押率最高不超过 60%。

（4）在建工程抵押现值以取得土地实际支付的价格及已经投入在建工程的价值为计算依据，抵押率最高不超过 50%。

（5）以通用机器设备抵押的，现值以净值或评估价值为计算依据，抵押率最高为 30%。

（6）以汽车、船舶、民用航空器等运输设备抵押的，现值以评估价值为计算依据，一手消费类抵押率最高 60%，一手营运类和二手消费类抵押率最高 50%，二手营运类抵押率最高 40%。

（7）以用材林、薪炭林、经济林与林地使用权一并抵押的，现值以评估价值为计算依据，抵押率最高为 70%。

抵押率确定后，就可以确定抵押贷款额度，其计算公式为：

$$抵押贷款额 = 抵押物现值 \times 抵押率$$

9.1.2　抵押合同风险及其防范

在我国，抵押权的成立要求抵押人与抵押权人就是否成立抵押权以及如何成立抵押权互相作出意思表示，并且抵押人与抵押权人意思表示的内容相互一致，抵押合同才依法成立。抵押合同风险表现具体如表 9-4 所示。

表 9-4　抵押合同风险表现

抵押合同风险主要表现	内容
抵押合同的形式	抵押合同当以书面形式订立，当事人之间就抵押权设立事项的来往信函、传真等，也可以是所担保的主债权合同中的一项或几项条款
抵押合同的内容	被保证的主债权种类、数额；债务人履行债务的期限；抵押物的名称、数量、质量、状况、所有权权属或者使用权权属；担保抵押的范围
抵押物登记	抵押权设立及其转移的公示以登记方式来体现，抵押合同签订后，法律规定必须办理抵押物登记的，抵押合同自抵押物登记之日起生效。否则，抵押合同不发生法律效力

以上几项内容是抵押权设立时抵押合同均应具备的。但是在商业银行授信业务实践中,银行于抵押合同中往往并不能很完备地约定好合同的全部内容。在这种情况下,除无法明确合同内容外,对于抵押合同约定不明确或主要条款欠缺的,抵押人与贷款银行可以协商予以补正。

9.1.3　抵押物评估的方法

不同用途的资产,评估方法也不相同,按照一般的财产评估计价标准,抵押物评估的基本方法包括:重置成本法、收益现值法、现行市价法和清算价格法。

1) 重置成本法

重置成本法是资产评估的成本途径中的基本方法,计算公式如下:

$$被评估资产价值 = 重置成本 - 资产实体有形损耗 - 无形损耗$$

2) 收益现值法

收益现值法,是资产评估的收益途径中的基本方法,计算公式如下:

$$被评估资产价值 = \frac{企业预计年收益现值额}{部门或行业平均收益额(折现率)}$$

3) 现行市价法

现行市价法,是资产评估的市场途径中的一种基本方法,计算公式如下:

$$被评估资产价值 = 全新资产或参照物市场价格 - \frac{全新资产或参照物市场价格 - 预计残值}{法定使用年限} \times 被评估资产已使用年限$$

4) 清算价格法

清算价格法,清算价格是指企业由于破产或其他原因,要求在一定期限内将资产变现,于是在企业清算之日出卖资产预期可得到的快速变现价值。清算价格法与现行市价法的区别在于:用清算价格法进行资产评估时,其计价基础不能是现行市价而是清算价格。

由于受市场发达程度、数据可获得性、分析工具等因素的影响,收益现值法、现行市价法和清算价格法在实际运用中受到很大限制,因此,实务中通常在重置成本法的基础上,通过进行某种调整来评估抵押物的价值。

9.2 贷款质押分析

9.2.1 质押的意义和类别

1) 质押的意义

贷款质押是指借款人或者第三人将其动产或权利移交银行占有,并将该动产或权利作为银行债权的担保。

质押又称"质权",作为一种债权的担保方式,它对于促进资金融通和商品流通,保障交易安全和债权的实现,稳定社会经济秩序,具有重要的社会意义。

可以质押的权利有:汇票、支票、本票、债券、存款单、仓单、提单;依法可以转让的股份、股票;依法可以转让的商标专用权、专利权、著作权中的财产权;依法可以质押的其他权利。

2) 质押的类别

贷款质押包括动产质押和权利质押两种类型。

动产质押是指借款人或者第三人将其动产移交银行占有,将该动产作为银行债权的担保。

权利质押是指为了担保债务的清偿,以借款人或第三人所享有的实体财产以外的可以让与的财产权利为质物而为银行设立的担保。

两者的根本区别是:动产质押以有形动产为标的物。权利质押以债权、股权和知识产权中的财产权利为标的物。如果说动产质权是一种纯粹的物权,权利质权严格来说是一种准物权。两者的共性之处在于两者都是质押的表现形式,具有质押的一般特征。

🔊 提示:

股票质押的特点

股票质押作为一种担保,其功能源于股票的价值。它具有如下特点:

(1)质物价格的不稳定性。受公司状况和市场变化的影响,股票价格波动频繁、幅度又大,以股票出质,对质权人的风险较大。

(2)质物价值是一个预期值。在设定股票质押时,设质股票价值的多少是以当事人或者第三人的预期价值决定的,该预期值与实际状况很难完全一致。

（3）以股票出质，因其流通性、变现性较强，因而其担保功能较强。

9.2.2　质押风险及其防范

在分析和评价质押的有效性时应注意以下几个方面。

1）质物的合法性

质物的合法性即质物是否属于法律、法规允许质押的财产或权利。

2）质物的权属

质物的权属即质押行为是否符合法律规定，如质押财产是否由借款人合法占有。如以动产质押的，可以要求借款人出具该动产的商品发票等有关证明材料。

3）质押的充分性

银行要对质物的品质进行审查，如动产质物是否易封存、易保管，权利质押中权利凭证的真伪是否容易辨别。银行存款、银行本票和国库券是品质最好的动产质物。

各类质物的风险因素如表 9-5 所示。

表 9-5　各类质物的风险因素

质物	风险因素
存单	存入银行金额、金额、到期日、是否可以转让
有价证券	现值、发行人的实力、信用评级、历史上价格波动的情况、宏观经济状况、利率、市场变现能力
股份	股票市场的波动、公司的经营状况
票据	出票人、付款条件、票据是否真实
金银首饰	物品的质量、市场状况
存货	原材料还是产成品、原材料的通用性、存货损害程度、是否容易保存、市场状况、价值是否稳定
应收账款	客户端财务状况、信誉好坏

9.3　贷款保证调查

9.3.1　贷款保证的概念

贷款保证是指银行、借款人与第三方签订一个保证合同时，当借款人违约或无力归还贷款时,由保证人按照约定代为履行债务或者承担相应的责任。贷款保证是一种人的担保。

贷款保证是一种与物的担保对应的债权担保制度,是由保证人以自身的财产提供的一种可选择的还款来源,并且只有当保证人有能力和意愿代替借款人偿还贷款,贷款的保证才是可靠的。因此,对贷款保证的调查应包括保证人是否具有合法资格、保证合同的法律效力、保证人的资信状况、代偿债务的能力以及保证人的履约意愿等。

9.3.2　保证人的风险及其防范

依照保证合同,对债权人提供保证并承诺保证债务人履行债务的人为保证人。保证人应当是具有代偿能力的公民、企业法人以及其他经济组织。不具备保证人的资格,将导致保证合同无效的法律后果。

例如,企业法人的分支机构,以其名义对外签订的保证合同,一般应当认定无效。另外,国家机关、公益法人和不具有法人地位的公益机构不具有保证人资格。因此,商业银行在进行贷款担保业务时,应严格审查拟提供担保人是否具备保证人资格,严禁接受禁止保证人提供的保证,从而保障银行的担保权益。

9.3.3　保证合同的风险及防范

1)保证方式

按照保证人对债权人承担保证责任的性质,保证方式分为一般保证和连带责任保证两种,如表9-6所示。

表9-6　两种保证方式特点比较分析

内容	保证方式	
	一般保证	连带保证
使用条件	合同明确约定	合同没有明确约定或约定不明确
保证人权利	有先诉抗辩权	没有先诉抗辩权
债权人风险	不利于债权人利益的实现	有利于债权人利益的实现

说明:

(1)一般保证是指债权人和保证人约定,在债务人不能履行债务时,由保证人承担保证责任的一种保证方式。

（2）连带责任保证是指保证人和主债务人对债权人连带承担清偿责任的保证方式。在主债务人不能履行债务时，债权人可以请求主债务人履行债务，也可以请求保证人承担保证责任。

（3）先诉抗辩权是基于保证的附随性和补充性而发生的权利，专属于一般保证的保证人。债权人在被担保的债权未经审判或者仲裁，并就债务人的财产依法强制执行仍不能实现债权前，保证人可以拒绝承担保证责任。

2）无效保证合同的防范

因欠缺保证合同的生效要件而不发生法律效力的保证合同，为无效保证合同。保证合同无效后，对债权人的权利形成消极影响，甚至使债权人的担保权益落空。因此，必须掌握导致保证合同无效的原因并采取相应的防范措施，如表9-7所示。

表9-7　无效保证合同的防范

防范措施	备注
确认保证人具有保证人资格	保证人必须是依法具有代偿能力、依法允许对外保证的自然人、法人或其他组织。不得接受禁止保证人出具的保证
保证人的意思表示真实	防止保证人以欺诈、胁迫等意思表示不真实为由主张保证合同无效
保证合同的内容合法	保证合同不得含有违反法律、法规的内容，特别是违反法律、法规的禁止性条款
保证合同应当符合法律规定的形式	保证合同应以书面形式签订。法律、法规要求以其他形式订立的依法律、法规的规定

◀ᴺ 提示：

三种贷款担保方式的比较

由于交易主体的财产状况总是处于变动之中，人们更倾向于依赖物的价值的相对稳定，因此，抵押成为比较理想的担保方式。设定抵押后，债务人仍对抵押物的占有，能继续充分有效地使用该物，创造物质利益，增强履约能力；同时，债权人可省去直接占有抵押物的诸多不便，减少不必要的费用开支。

抵押与的质押的区别是在于：①标的物不同，抵押权一般以不动产为标的，质权一般以动产及权力为标的。②形式要件不同，抵押权的设定须以书面形式为之，且须进行登记；除以部分财产权利设质的须登记外，质权的设定无须办理登记。③抵押权的设立不转移抵押标的物的占有，质权的设立须转移质押标的物的占有。④抵押物可设数个抵押权，因而存在受偿顺序问题；在质权设立的情况下，一物只能设立一个质权，没有受偿顺序。

保证与抵押、质押的区别：保证相对于抵押、质押的担保形式，具有手续简便、便于当事人操作的优点。根据保证合同，银行有权对保证人的财产取得一般性担保，以此作为借款人财产的补充担保，但银行对于保证人的全部财产不享有担保物权。

学以致用

➡ 问题与解答

1. 以新贷还旧贷，旧贷保证人承担保证责任吗？

答：在以新贷还旧贷中，新贷保证人不论是由旧贷保证人继续提供保证担保，还是由其他人提供保证担保，都只是对新贷合同发生的贷款债务承担保证责任，而不可能对旧贷合同的贷款债务承担保证责任，且旧贷已经以新贷偿还，旧贷保证人的保证责任已经消灭。

因此，为了防范新贷成为无担保贷款，并由此带来的保证担保纠纷，银行与借款人约定以新贷还旧贷的，应当在《保证合同》《保证借款合同》中明确加以标示，让保证人明确知道其所担保的贷款用于偿还旧贷，保证人对将来发生的新贷继续承担保证责任，以有效保证银行债权的实现。

2. 不动产抵押登记效力与动产抵押登记效力的区别是什么？

答：不动产抵押登记效力与动产抵押登记效力有一个重大的区别是：动产抵押一经订立合同，抵押权即告设立，未登记只是不得对抗善意第三人而已。不动产抵押应当办理抵押登记,只有登记才能设立抵押权,不动产抵押经登记后才能产生优先受偿权、物上追及权。

不动产抵押权在效力上的主要法律风险在于抵押合同订立后未登记,致使抵押权未设立,抵押权人对抵押物不具有优先受偿权和追及权,被抵押担保的主债权仍处于普通债权。

➡ 练习与思考

1. 你认为下列银行选择的担保方式有问题吗?

某年7月,甲公司向某银行申请借款,该银行经审查后同意贷款人民币100万元,期限半年。该笔贷款由具有较强还款能力的乙公司提供担保。该银行为了增加贷款的安全性,在原有担保基础上又要求甲公司将其自身专用的机器设备作为抵押。此后,由于市场的变化等原因,甲公司在贷款到期时无力还款,银行在数次催收未果的情况下向法院起诉,要求借款人、担保人还款。但最终该笔贷款迟迟未能收回。

2. 请思考下列抵押贷款产生的风险。

2020年5月,某房地产公司向甲银行申请流动资金贷款500万元,期限1年,以3套商品房和某商场未确权的地下车库23个车位作抵押。

年末,该公司开发的"市场大厦"项目完工。由于该公司主要靠银行贷款维持工程建设,高负债使该公司的还债压力很大,开发的"市场大厦"国际精品广场部分商铺出租,收入有限。加之该公司还将销售回笼的资金抽去用于其他项目,造成拖欠各银行贷款数额很大,无法清偿。

➡ 案例与评析

为什么下列抵押担保未发生法律效力

某年某月,甲银行根据某实业公司的申请向其发放了人民币贷款500万元,贷款期限为1年,由该公司以其拥有的房产作抵押担保,双方为此签订了抵押合同并经公证机关对之进行了公证。贷款到期后,借款人无力偿还,银行经多次催讨未果,遂向法院提起诉讼并申请处分抵押物以偿还债务。由于该借款人的债务较多,且其他债权人已先行对其提起了诉讼,上述房产经其他债权人申请,已被法院进行了财产保全,银行以该房产已抵押为由,要求通过处分房产优先受偿。法院未予支持。结果,银行作为没有财产担保的债权人只能就借款人的剩余财产受偿,受到了很大的损失。

案情结果:

法院经审查抵押担保条件,认为借贷双方虽有抵押合同并已公证过,但由于未按相关规定到有关房地产管理部门办理抵押登记,故该抵押合同未发生法律效力,银行无权就处分该房产的偿款优先受偿。最终,银行作为没有财产担保的债权人只能就借款人的剩余财产受偿,受到了很大的损失。

评析:

这是一起因不熟悉抵押担保的规定而导致抵押担保未发生法律效力,贷款受损的案件。在本案中,银行接收借款人以房产所提供的抵押担保本可使贷款的回收有较可靠的保障。但是,由于仅仅对抵押合同办理了公证而未办理抵押登记,而根据相关规定,以房产作抵押,抵押合同自办妥抵押登记之日起生效。因此,银行在发放贷款后,持有这种未经登记、未发生法律效力的抵押作债权的担保于自身的利益无任何保障,贷款的受损当然也就在所难免了。

启示:

抵押贷款是近几年发展较快的一种贷款方式。在办理贷款的抵押担保过程中,银行除须注意审查抵押物的权属、价值,抵押合同的内容是否齐全等外,还要注意有关法律对某些抵押财产的特殊规定,如以房地产、交通工具、机器设备等作抵押,必须到规定的机关办理抵押物登记,抵押担保才具有法律效力,银行才享有优先受偿权。

小微贷调查篇

XIAO WEI DAI DIAO CHA PIAN

第 10 章
小微客户贷款调查^①

■楔子:

交叉检验——软硬信息验证

　　交叉检验是一种确认客户向信贷员所提供信息真实性的方法。客户可能会说谎,但是他每说一个谎至少需要十个谎来圆谎。因此,从不同的角度来对同一个事物进行核实能够帮助信贷员了解真实或接近真实的情况。交叉检验就是针对客户与还款能力和还款意愿相关的信息和数据进行验证,包括财务信息(即硬信息)和非财务信息(即软信息)。

核心知识

10.1　小微客户贷款调查关键问题

10.1.1　小微客户现状

　　小微客户,是指符合国家相关部门发布的《中小企业划型标准规定》的企业客户、个体工商户或拥有经营实体的自然人。

　　小微客户类型、地域分布、主要行业以及贷款用途如图 10-1 所示。

　　小微客户大多为家族式经营与管理,从事小本经营,缺乏信用记录历史,往往无法提供银行所要求的抵押物,贷款金额小、放贷成本高。因此,小微贷

---

① 本章部分内容来自作者与山东省农信联社泰安办事处共同研发的已上线项目"小微贷款评价体系"。

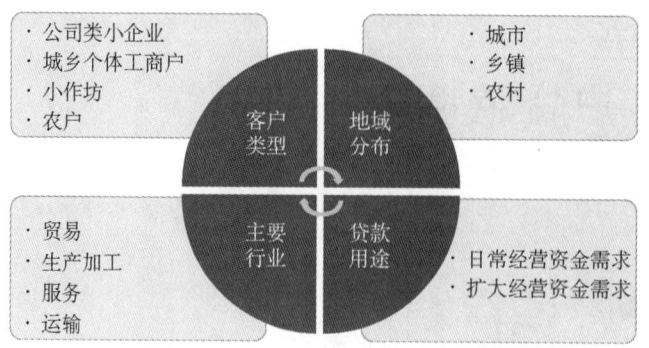

图 10-1　小微客户贷款现状

款客户是银行的高风险、高成本客户。

10.1.2　小微客户贷款流程

小微客户贷款流程主要包括以下环节,如图 10-2 所示。

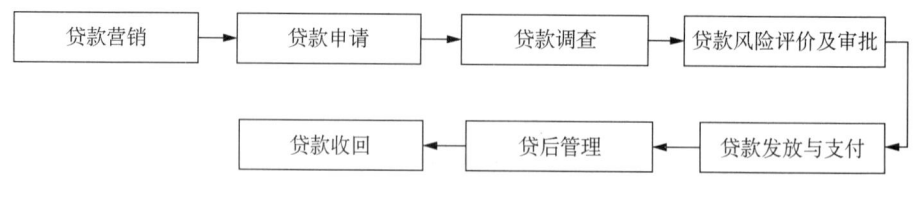

图 10-2　小微贷款流程

1)贷款营销

小微业务打破了传统贷款等客上门的现象,更多的是采取直接出门"扫街"进行市场营销的形式,即客户经理主动上门当面营销、宣传小微贷款产品。因此,更加考验小微客户经理的沟通能力和营销能力,较传统贷款具有更大的挑战性,同时能获得更多的优质客户。

2)贷款申请

小微贷款对目标客户列出了一些基本的选择标准,这些标准一般要求在短时间内审查完毕,以判断该客户是否符合申请条件。这些标准往往是最基本的准入条件,如主体资格、信贷政策等决定是否受理。申请环节主要考察的内容如表 10-1 所示。

表 10-1　申请环节考察的内容

项目	内容
个人基本信息	该客户是否满足贷款机构的特定标准,如年龄、个人品质、是否有不良嗜好等
经营基本信息	询问客户的经营状况,如经营年限、经营地址、主要产品、经营规模及主要收入来源等
贷款历史记录	询问客户是否有贷款记录。如果有,是否有逾期情况,逾期的原因是什么等,以此判断客户的主观还款意愿
保证人或抵押物信息	查看客户是否有第二还款来源的保障措施。如为保证贷款,询问客户是否落实好有效的保证人;如为抵质押贷款,询问抵质押的基本信息,以此初步判断其是否具备抵质押资格
真实性声明	申请表格的最后,应附有客户声明条款,声明所提供的全部信息的正确性和真实性
授权声明	客户授权贷款银行调查他从其他金融机构、贷款组织或私人的贷款情况

3）贷款调查

小微客户的贷款调查,要求客户经理主动预约客户上门实地调查,提前通知客户准备好必要的材料,如固定资产清单、存货明细、应收账款明细等,并现场核对数据的真实性。

实地调查主要获得以下关键信息,即个人品质、贷款用途、经营状况及偿债能力、资产状况、抵质押/保证人情况。

4）贷款风险评价及审批

小微贷款的风险评价,要以客户现金流的财务还款能力为切入点,并对"还款意愿、还款能力和持续经营"三项要素作出客观评价,而后进行审议、审批。

5）贷款发放与支付

在发放环节应执行严格的证件审查和面签,认真审核客户资料的真实性、合法性和完整性。实行受托支付的,应认真审核《用信申请书》及借款人交易对象情况等。

6）贷后管理

小微贷款的贷后管理应坚持分期还款和持续动态监控相结合的形式,由客户经理定期回访客户以及担保人,关注客户经营情况,及时监测客户的偿债能力和还款情况。

10.1.3 财务报表还原与自制

小微企业客户大多无法提供规范的财务报表,微贷客户根本就没有财务报表,银行信贷部门就需要在贷款调查中获取数据,还原或自制客户的财务报表,以此获得小微贷款调查涉及的关键问题:客户贷款用途的真实性、还款意愿、还款能力,以及持续经营的前景,确保贷款决策建立在真实可靠的数据基础之上。

1) 财务报表还原

前已述及,小微企业客户大多无法提供规范的财务报表,银行信贷部门需要在调查的基础上,还原客户的三大报表。现以利润表为例,还原报表的格式如表 10-2 所示。

表 10-2　客户利润表还原

项目	本期金额	还原金额	差异额	差异率
一、营业收入				
减:营业成本				
税金及附加				
销售费用				
管理费用				
财务费用				
加:其他收益				
……				
二、营业利润				
……				
三、利润总额				
减:所得税费用				
四、净利润				

2）财务报表自制

由于小作坊、农户等微贷客户根本就没有财务报表，因此，客户经理可在贷前调查中获取的数据基础上，经筛查、整理后自制财务报表。自制资产负债表、利润表和现金流量表的参考格式如表 10-3、表 10-4 和表 10-5 所示。

表 10-3　资产负债表

资产	期初数	期末数	负债和所有者权益	期初数	期末数
银行存款			短期借款		
应收账款			其中:银行借款		
其中:1 年以上			民间借款		
预付账款			应付账款		
其中:6 个月以上			预收账款		
存货			应付利息		
其中:原材料			其中:银行利息		
在产品			房产按揭		
库存商品			民间利息		
周转材料			其他流动负债		
消耗性生物资产			流动负债合计		
其他流动资产			长期负债		
流动资产合计			其中:银行借款		
固定资产净值			房产按揭		
其中:房产			民间借款		
运输工具			预计负债		
设备			其他负债		
其他			负债合计		
其他长期资产			所有者权益合计		
资产总计			负债和所有者权益总计		

表 10-4 利润表

项目	旺季		淡季		平季		平均每月	年度合计
	每月	合计	每月	合计	每月	合计		
营业收入								
营业成本								
毛利								
固定费用 工资								
租金								
水电费								
交通运输费								
通讯费								
广告宣传费								
招待维护费								
定额税金								
财产保险费								
利息支出								
其中:银行								
按揭								
民间								
其他费用								
合计								
利润总额								
家庭其他收入								
家庭其他支出								
家庭纯收入								
家庭人口								
家庭年人均纯收入								

表 10-5　现金流量表

项目	期初现金	(A)
企业净现金流	销售收入	
	一采购支出	
	一营业费用	
	一税金	
	一其他	
	＝企业净现金流	(B)
个人净现金流	其他收入	
	一家庭支出	
	一其他支出	
	＝个人净现金流	(C)
净现金流量	＝期末净现金流	(A＋B＋C)

🔊 **提示：**

在自制利润表时，需要考虑微贷客户的家庭特征，因此在传统的利润表基础上，延伸家庭其他收入，家庭其他开支项目，最终获得客户（家庭）实际可还款能力——家庭纯收入（可支配收入），如表 10-4 所示。

家庭其他收入：配偶固定收入、租金收入等。

家庭其他支出：①日常生活费、子女教育费、长辈医疗费；②客户和家庭成员意外伤害、医疗保险、社会养老保险等（与生产经营无关）；③家庭成员在其他金融机构借款需分期还款额等。

【例 10-1】 2020 年 1 月，客户张凌月初现金为 2 500 元，本月现金销售 10 000 元，他妻子花费 1 500 元，张凌现金购货 7 000 元，营业费用 2 500 元，但他只支付了 2 000 元，剩下 500 元下个月支付，儿子教育费用支出 250 元，其他收入 500 元。

2020 年 2 月，张凌销售 20 000 元，但只收到现金 17 000 元，余款合同写明下月收到。他妻子花费 1 500 元，张凌现金购货 14 000 元，营业费用 2 500 元，同时偿付上月欠款 500 元。

2020 年 3 月,张凌现金销售 16 000 元,上月应收账款 3 000 元没有收到。他妻子花费 1 500 元,张凌现金购货 10 500 元,营业费用 2 500 元,另外支付税金 750 元。

为客户张凌编制 1~3 月份的现金流量表如表 10-6 所示。

表 10-6　客户张凌 1~3 月份现金流量表

项目	1 月份	2 月份	3 月份
期初现金	2 500	2 250	750
销售收入	10 000	17 000	16 000
一采购支出	7 000	14 000	10 500
一营业费用	2 000	3 000	2 500
一税金	0	0	750
＝企业净现金流	1 000	0	2 250
其他收入	500	0	0
一家庭支出	1 500	1 500	1 500
一其他支出	250	0	0
＝个人净现金流	−1 250	−1 500	−1 500
期末净现金流	2 250	750	1 500

10.2　贷款额度测算与风险度揭示

10.2.1　贷款额度测算

小微客户贷款额度测算的方法有多种,本书介绍三种方法。

1）经营周期法

$$贷款额度 = \frac{预计销售收入增加额}{360} \times 经营周期$$

$$经营周期 = 存货周转期 + 应收账款周转期 + 预付账款周转期$$

2）现金债务法

$$现金债务比率 = \frac{经营活动现金净流量}{负债总额}$$

这一比率反映客户在某一会计期间每一元负债有多少经营活动现金流量净额来偿还，它说明客户的偿债能力。比率越高，说明偿还债务的能力越强；比率越低，说明偿债能力越差。

实务中还可利用这一比率预估客户大致的可贷款金额。

【例 10-2】 假设某客户目前负债总额是 270 570 元，经营活动现金净流量是 38 120 元。

$$现金债务比率 = 38\ 120 \div 270\ 570 = 14\%$$

若市场利率为 9%，则：

$$最大负债能力 = 38\ 120 \div 9\% = 476\ 500(元)$$
$$可贷款金额 = 476\ 500 - 270\ 570 = 205\ 930(元)$$

3) 营运资产法

采用该方法的步骤如下：

(1) 计算评估值。

$$A：流动比率 = \frac{流动资产}{流动负债}$$

$$B：速动比率 = \frac{流动资产 - 存货}{流动负债}$$

$$C：净资产短期债务比率 = \frac{流动负债}{净资产}$$

$$D：净资产债务比率 = \frac{债务总额}{净资产}$$

评估值 = A + B - C - D

(2) 计算营运资产。

$$营运资产 = [(流动资产 - 流动负债) + (资产 - 负债)] \div 2$$

(3) 根据评估值对应的经验性百分比计算贷款额度。

$$贷款额度 = 营运资产 \times 经验百分比$$

表 10-7 列示了评估值与经验百分比。

表 10-7　评估值与经验百分比表

评估值	风险类别	信用等级	经验百分比
< -4.6	高	低	0
$-4.6 \sim -3.9$	高	低	2.5%
$-3.9 \sim -3.2$	高	低	5%
$-3.2 \sim -2.5$	高	低	7.5%
$-2.5 \sim -1.8$	高	低	10%
$-1.8 \sim -1.1$	有限	中	12.5%
$-1.1 \sim -0.4$	有限	中	15%
$-0.4 \sim 0.3$	有限	中	17.5%
$0.3 \sim 0.9$	有限	中	20%
> 0.9	低	高	25%

【例 10-3】　某客户经计算,评估值为 1.03,营运资产是 518 000 元。查评估值与经验百分比表,选择 25%。

$$贷款额度 = 518\,000 \times 25\% = 129\,500(元)$$

10.2.2　小微客户贷款风险度揭示

小微客户贷款风险度揭示一般可选用三项指标:还款能力比率、债务现金保障率和资金安全率。

1) 还款能力比率

$$平均每月可还款额 = 平均每月家庭纯收入 \times 70\%$$

$$平均每月应还款额 = 贷款金额 \times (1 + n\%) \div 12$$

$$还款能力比率 = \frac{平均每月可还款额 - 平均每月应还款额}{平均每月应还款额}$$

2) 债务现金保障率

$$债务现金保障率 = \frac{经营活动现金净流量}{负债总额}$$

其中,"经营活动现金净流量"计算如下:

（1）销售产成品、商品、提供劳务收到的现金。

$$\frac{经营活动}{现金净流量} = \frac{营业}{收入} - \left(\frac{应收账款}{期末数} - 期初数\right) + \left(\frac{预收账款}{期末数} - 期初数\right)$$

（2）购买原材料、商品、接受劳务支付的现金。

$$\frac{经营活动}{现金净流量} = \frac{营业}{成本} - \left(\frac{应付账款}{期末数} - 期初数\right) + \left(\frac{预付账款}{期末数} - 期初数\right) + \left(\frac{存货}{期末数} - 期初数\right)$$

（3）经营活动现金净流量。

$$\frac{经营活动}{现金净流量} = \frac{销售产成品、商品、}{提供劳务收到的现金} - \frac{购买原材料、商品、}{接受劳务支付的现金} - \frac{其他}{费用}$$

3）资金安全率

$$资金安全率 = 资产变现率 - 资产负债率$$

其中：

$$资产变现率 = \frac{资产变现金额}{资产总额}$$

$$资产变现金额 = 货币资金 + (应收账款 + 存货 + 固定资产) \times n\%$$

一般来说，三项指标同时显示：还款能力比率 $\geqslant 50\%$，债务现金保障率 $\geqslant 12\%$，资金安全率 $\geqslant 0.5$，说明风险度揭示安全。

10.2.3　简易还款来源计算与分析

微贷客户还款来源，可采用以下简易计算方法：

1）计算客户每月可还款额

客户每月可还款额的主要来源是每月的可支配收入。客户的可支配收入不可能全部用来还款，我们可以假定其中的 70% 可用来还款。

$$月可还款额 = 月平均可支配收入 \times 70\%$$

2）计算客户每月净现金流量还款率

该还款率计算的结果应大于或等于 50%。如果结果小于 50%，且偏离很多，则说明客户没有正常的还款来源，违约风险较大。

$$每月净现金流量还款率 = \frac{月均净现金流量 - 每月还款额}{每月还款额} \geqslant 50\%$$

3）计算客户每月经营现金流量还款率

该还款率的计算要考虑客户每月优先性现金的支出,优先性现金流量主要包括利息、税金、到期本金。计算结果一般应大于或等于 2。如果结果小于 2,且偏离很多,说明客户还款来源差,贷款风险较大。

$$每月经营现金流量还款率 = \frac{经营活动产生的现金净流量}{优先性现金净流量} \geqslant 2$$

实务中对客户还款来源的估算,还应结合银行对账单、营业收入的季节性变化、经营情况等综合考虑,重点关注客户的经营所得、应收款项回收等。

10.3 交叉检验技术的应用

10.3.1 交叉检验的基本概念

1）交叉检验的定义

小微客户的特点决定了他们提供的信息一般不会规范,具体表现为没有规范的报表、家庭财产与经营资金难以分清、缺少抵押物等特征。

所谓交叉检验,是指通过不同的渠道、分析不同的信息来源,验证客户所提供信息真实性的方法。

2）交叉检验的理论基础

交叉检验的理论基础是:信息之间有逻辑关联,我们可以用信息之间的逻辑关系验证客户提供的信息是否准确。

客户可能有意或无意地提供了某些不真实的信息,但不真实的信息必然有漏洞或相互矛盾的地方,必然不能自圆其说,从不同的角度考察,这些矛盾就会显现出来。因此,从不同的角度来对同一个事物进行核实,能够帮助银行信贷部门了解真实或接近真实的情况。

交叉检验技术坚持"到户调查、眼见为实"的具体手段。

只有经过交叉验证的信息,才能作为是否贷款的依据。

3）交叉检验的依据

交叉检验要考察的是客户提供的信息是否互相矛盾。交叉检验的依据如下:

（1）信息支持性文件，如收据、发货单等。

（2）同各个与需要检验信息相关的第三方的交流信息，如家庭成员对企业经营、贷款用途的描述，供应商和交易者对交易的描述等。

4）交叉检验的内容

交叉检验的内容包括贷款的目的，以及客户的软硬信息，如图 10-3 所示。

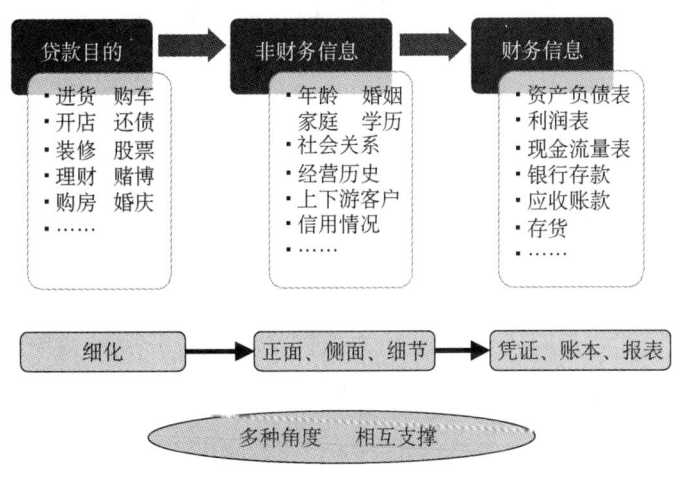

图 10-3　交叉检验的内容

10.3.2　交叉检验的切入点

交叉检验可以从以下几个角度作为切入点。

1）客户口头提供的信息是否与书面信息、与实际状况相一致

例如，是否和原始单据、发票、银行对账单、经营记录等相一致，或者把客户所说利润与客户经理估算利润与客户生活水平是否匹配相比较，把经营记录与实物相比较。

2）客户提供的不同时间的数据是否互相矛盾

例如，每天的营业收入累计是否与每月的营业收入大体相同；启动资金加上每年的利润，减去每年的非商业支出是否与实有权益大体相同。

3）客户提供的信息是否与当地该行业的平均水平大体相当

例如，营业额、营业费用、利润、员工工资水平与当地平均水平的差别。

4) 不同的人对同一问题的回答是否基本一致

例如,客户家庭成员对贷款的目的的说法是否一致,客户的合伙人及客户对营业额、利润的说法是否一致。

5) 客户提供的不同数据和信息之间的关系是否合理

例如,销售额、淡旺季、市场需求状况与申请贷款的时间、额度是否匹配;营业额与应收账款的关系是否合理;营业额与库存水平之间的关系是否合理。

6) 客户管理的企业投入与产出之间的关系是否合理

例如,员工数量与营业额、固定资产与营业额,每月电耗与月营业收入等。

10.4 常用交叉检验的方法

10.4.1 资产负债表主要项目验证

1) 应收账款采用的核实方法

(1) 查看销售合同、发货单据;查看销售发票;查看出库单;向债务人核实。

(2) 通过还原或构建的报表数据测算。

$$应收账款 = 月营业收入 \div 30 \times 信用期$$

公式中的信用期参考行业平均天数。

2) 存货采用的核实方法

(1) 查看购货合同和发票;查看入库单;实地盘点。

(2) 通过还原或构建的报表数据测算。

$$期末存货 = 期初存货 + 本期购入存货 - 本期发出存货$$

(3) 毛利率法。

$$毛利率 = (销售收入 - 销售成本) \div 销售收入 = 毛利额 \div 销售收入$$

$$加权平均毛利率 = \sum (各种产品毛利率 \times 其销售比重)$$

$$本期销售成本 = 本期销售收入 \times (1 - 销售毛利率)$$

(4) 零售价格法。

$$成本率 = 存货进货成本 \div 库存商品售价$$

$$期末存货成本 = 期末存货售价总额 \times 成本率$$

3）固定资产采用的核实方法

（1）查看购买发票和付款凭证；查看相关权证；实地查看。

（2）机器设备、交通工具等固定资产应按净值反映。厂房、商铺等通常以市价反映，可按市价的 80％ 计入。

4）短期借款和长期借款（包括按揭和民间借款）的核实方法

查看征询系统；查看借据；查看还款记录；查看贷款卡；向市场协管员或邻里了解。

5）应付账款采用的核实方法

（1）查看购货合同和购货发票；查看入库单；查看送货清单；向债权人核实。

（2）通过还原或构建的报表数据测算。

$$应付账款 = 月营业成本 \div 30 \times 赊账天数$$

公式中的赊账天数参考行业平均天数。

6）所有者权益采用的核实方法

所有者权益的核实，主要计算账面所有者权与实际所有者权益的差异。

（1）账面权益（实际权益）＝资产负债表中的所有者权益＋（表外项目）

公式中的表外项目，是指按照会计准则，没有列入资产负债表的项目。例如，客户私人借给他人的款项，如果不是与其生意有关，不能列入资产负债表，但是在所有者权益验证时要加以考虑，无法收回的不计入。举个例子，客户借给弟弟 20 万元装修新房，在资产负债表中不得列入，但此处要考虑进去。

（2）实际权益＝初始权益＋期间利润＋期间生意外注资－期间生意外提款＋资产升值－资产贬值

上述公式中期间生意外注资和期间生意外提款，同样是指利润表中未列入的项目。例如，客户获得的保险赔偿，客户购买家用轿车，以及支付孩子的择校费用等。

因为我们假设，客户生意的投入和期间的利润，除了日常生活开销外，一直都留存于生意之中。另外资产（固定）价值的增加或减少，通过折旧或增值来体现。

【例 10-4】 客户张明于 2019 年 1 月开始经营一家餐饮店。初始投资

50 万元,其中自己投入 30 万元,向亲戚借款 20 万元。初始投资中现金 15 万元,存货 19 万元,设备 16 万元。开业一年,扣除家庭开支后每月结余 3 万元,2019 年折旧 4 万元,期间还款 8 万元,购买家用轿车 10 万元,购买货车 12 万元,另提款 3 万元用于孩子课外辅导费。2020 年 1 月,客户经理进行调查时,该客户的账面权益应是多少?

初始权益	30
＋期间利润(家庭结余)	＋36
＋期间生意外注资	＋0
－期间生意外提款	－13
＋资产增值	＋0
－资产贬值	－4
＝账面权益	＝49(万元)

期末账面权益与实际权益的差额应该在一个合理的范围内。

账面所有者与实际所有者权益的比较如表 10-8 所示。

表 10-8　账面权益与实际权益的比较

账面权益≈实际权益	账面权益＞实际权益	账面权益＜实际权益
(1) △＝账面权益－实际权益 (2) 差异率＝△÷分析期间的月数÷平均月可支配收入×100% (3) 一般要求上述差异率小于等于5%,以确保所有财务数据的真实有效	(1) 利润表中利润算多了 (2) 有部分资产没有调查出来,或者客户有其他投资 (3) 初始所有者权益中,有部分负债没有调查出来 (4) 客户借款的还款行为没有调查出来 (5) 忘了放在表外的资产	(1) 利润表中利润算少了 (2) 客户有其他未知的收入 (3) 客户有负债,但未调查出来,如应付账款、民间借贷等 (4) 供货商有铺货情况等 (5) 可能有部分资产不是客户的

10.4.2　利润表主要项目验证

1) 营业收入采用的核实方法

(1) 查看银行对账单;查看经营能力;查看水电费;查看出库单;查看纳税金额;查看报价单、发票、送货单、结算单等凭据;查看计件工资单。

(2) 根据本地行业毛利率倒推。

$$营业收入 ＝ 营业成本 ÷ (1 － 行业毛利率)$$

2）营业成本采用的核实方法

（1）查看出、入库单；查看各项缴费单据；查看水电费验证产量；查看计件工资单验证产量。

（2）根据当地行业成本率估算。

$$营业成本 = 营业收入 \times 行业成本率$$

（3）根据当地行业毛利率估算。

$$营业成本 = 营业收入 \times (1 - 行业毛利率)$$

3）工资采用的核实方法

员工调查；查看工资单；查看银行对账单；根据当地水平估算。

在小微贷款业务中，以个人或家庭为单位的生意，如果没有雇佣员工，理论上是没有工资支出。若雇佣员工，就要将工资分解为固定工资、提成工资、计件工资、绩效工资等。除固定工资外，提成工资等要与经营规模、产销量等交叉验证。

4）利润总额采用的核实方法

（1）通过还原或构建的报表数据测算。

（2）通过行业利润率估算。

$$利润总额 = 营业收入 \times 行业利润率$$
$$利润总额 = 每次营运资金周转取得的利润 \times 营运资金周转次数$$

【例 10-5】　（1）某客户本月销售收入约 500 万元，行业毛利率约 20%，本月销售成本为多少？

（2）假定（1）中该客户平均赊账天数为 45 天，则本月应付账款为多少？

（3）某批发商经销某种商品，平均单位进货成本 300 元，单位销货价格 500 元。期末该商品售价金额约为 150 000 元，请计算期末存货成本。

（4）某客户平均每月销售额 45 万元，平均收账期为 150 天，则应收账款为多少？

答：（1）本月销售成本 $= 500 \times (1 - 20\%) = 400$（万元）

（2）$400 \div 30 \times 45 = 600$（万元）

（3）成本率 $= 300 \div 500 = 0.6$

期末存货成本＝150 000×0.6＝90 000(元)

(4) 应收账款＝45÷30×150＝225(万元)

10.4.3 现金流量表主要项目验证

1) 通过还原或构建的报表数据测算

经营活动产生的现金净流量＝净利润＋本期计提的固定资产折旧＋本期支付的利息费用－(存货期末余额－存货期初余额)－(应收账款期末余额－应收账款期初余额)－(预付账款期末余额－预付账款期初余额)＋(预收账款期末余额－预收账款期初余额)＋(应付账款期末余额－应付账款期初余额)＋(应交税费期末余额－应交税费期初余额)

2) 通过简易公式测算

月净现金流量 ＝ 月现金总流入 － 月现金总支出

月现金总流入包括经营收入、配偶收入、租金收入等；月现金总支出包括经营支出、家庭支出等。

提示：

需要指出的是,本月现金流入可能的来源有:现金销售收入、预收货款、收到过去的应收账款、其他收入。

本月现金可能的支出用途有:现金采购、支付前期应付账款、预付账款、偿还贷款、其他支出(教育费用、保险费用等)。

学以致用

➡ 问题与解答

1. 如果贷前经计算并确认借款人有足够的经营收入资金可用于归还贷款,有什么措施能对这些资金加以控制,以确保用于归还贷款?

答: 最基本的做法是,指定专用账户,要求借款人将销售回款都打入该账户,以供银行作定期或不定期检查。

2. 如何调查客户贷款用途的真实性?

答: 以短期流动资金用途为例:

(1) 调查贷款用途是否合理。

例如,对于生产性企业,关注贷款购买的原材料是否生产所需,原材料来源是否有保证。对于季节性产销企业,重点审查是否符合生产经营特点和资金占用变化规律。

(2) 调查贷款是否用于借款人的业务增长。

(3) 调查贷款是否用于偿还借款人的其他债务。

另外,要关注是否有"短贷长投"的迹象。

➡ 练习与思考

1. 某客户经理在上门走访时,客户告知:其产品基本都是赊销,每月销售100 万元左右, 一般需要 3 个月收回;毛利率为 40%;存货一般在 10 万元左右。那么,该客户应收账款的金额应是多少? 营业成本的金额应是多少? 如何验证?

2. 某商业银行小额贷款的借款人主要是一些在当地打工的外来人口,这些借款人利用贷款资金从事微小贸易经营,年销售额很低,利润水平也很低,贸易市场摊位的经营权都是不超过一个季度的短期租赁。在这种情况下,外来人口的违约成本是什么?

➡ 案例与评析

四种情况下现金净流量的计算

某人卖包子,采购价格 1 元/个,售价 1.5 元/个。固定资产为三轮车,成本730 元,预计可以使用 2 年。假设日销售 10 个包子。请分别采用直接法和间接法计算下列四种情况的现金净流量。

(1) 现金销售 10 个,采购款现金支付。

(2) 现金销售 9 个,赊销 1 个。

(3) 现金销售 10 个,但现金采购 11 个。

(4) 现金销售 10 个,采购款现金支付 9 个。

评析:

以下分别采用直接法和间接法计算如下。

(1) 现金净流量＝15－10＝5(元)　(直接法)

年折旧额＝730/2＝365(元)

日折旧额＝1(元)

利润＝15－10－1＝4(元)

现金净流量＝利润＋折旧＝4＋1＝5(元)　(间接法)

(2) 现金净流量＝13.5－10＝3.5(元)　(直接法)

现金净流量＝利润＋折旧－应收账款增加＝4＋1－1.5＝3.5(元)　(间接法)

(3) 现金净流量＝15－11＝4(元)　(直接法)

现金净流量＝利润＋折旧－存货增加＝4＋1－1＝4(元)　(间接法)

(4) 现金净流量＝15－9＝6(元)　(直接法)

现金净流量＝利润＋折旧＋应付账款增加＝4＋1＋1＝6(元)　(间接法)

"练习与思考"参考答案

第1章 客户经理认知基础

1.（1）基本信息。

（2）贷款额度。

（3）贷款用途。

（4）还款来源。

（5）偿债能力。

2. 可结合各银行相关案例解析、阐述各自观点。

第2章 信贷风险视角认识财务报表

1. 四表中资产负债表是核心报表。因为现金流量表是对资产负债表中"货币资金"年内数量变化的展开说明。利润表是对资产负债表中"盈余公积和未分配利润"项目的展开说明。所有者权益变动表是对资产负债表中"所有者权益"项目展开说明。

因此,企业不管出现多少张表,实际上它们都是资产负债表这一张基本报表和说明其某些方面情况的其他报表的组合体。

2. 企业编制年报,先完成利润表。因为资产负债表中的盈余公积和未分配利润项目需要根据利润表的数据获得。

第3章 资产负债表信息调查

1.（1）经营杠杆系数 $= \dfrac{1\,000-350}{1\,000-350-250} = 1.625$

（2）今年息税前利润 $= 1\,000-350-250 = 400$（万元）

（3）下年息税前利润 $= 400 \times (1-20\% \times 1.625) = 270$（万元）

2. 营运资金 $= 380+65+25 = 470$（万元）

从这个例子中可见,客户非流动资产和非流动负债的增减变化若涉及流动资产的相关业务,就会影响营运资金。

第 4 章　利润表信息调查

1. 高级食品公司可能通过比较高的价格获得相当高的销售利润率(20%)。打折食品公司销售利润率相对较低(5.1%)，它们的销售价格可能较低。但是打折食品公司的销售总额与投入资本相比的水平要高一些(约 2.4 次)，这就弥补了较低的销售利润率，从而产生了可比的总资产净利率。

2.
$$经营资产报酬率 = \frac{核心利润}{平均经营性资产} = \frac{核心利润}{营业收入} \times \frac{营业收入}{平均经营性资产}$$

这个关系式说明要提高经营资产报酬率，从提高盈利的角度看，应该提高盈利的毛利率，提高费用的有效性；从提高资产周转率来看，要最大限度地降低不良资产占有，提高资产利用效率，有序地开展经营活动。

第 5 章　现金流量表信息调查

1. 本期销售商品收到的现金＝5 000－(3 000－2 000)＝4 000(万元)

本期购买商品支付的现金＝3 000－(2 100－1 500)＝2 400(万元)

2. (1)"销售商品、提供劳务收到的现金"项目＝100 000＋(20 000－50 000)＋(30 000－10 000)＝90 000(万元)

(2)"购买商品、接受劳务支付的现金"项目＝48 000＋12 000＋15 000－6 000＝69 000(万元)

(3)"支付给职工以及为职工支付的现金"项目＝44 000－9 000＝35 000(万元)

(4)"购置固定资产、无形资产和其他长期资产所支付的现金"项目＝9 000＋22 000＋16 000＝47 000(万元)

(5)"投资所支付的现金"项目＝14 500－300＝14 200(万元)

(6)"吸收投资所收到的现金"项目＝72 000(万元)

(7)"偿还债务所支付的现金"项目＝60 000(万元)

(8)"分配股利、利润或偿付利息所支付的现金"项目＝30 000＋6 000＝36 000(万元)

第 6 章　财务危机预警

1. 无信贷间隔天数＝(500－200)÷(7 200÷360)＝15(天)

公司的流动性可以作为营运资金为企业提供 15 天的费用，这一流动性水平比较适中。

2.

经营性现金流量计算

单位:美元

项目	对现金流量的影响
营业利润	40 000
存货增长量	−2 000
应收账款增长量	−15 000
应付账款增长量	+10 000
经营性现金流量	−5 000

如果客户继续这一速度扩张,那么经营性现金流量将巨虚保持负数,而此时客户若还没有支付利息等优先性现金流出和急需的现金流出,过度交易就必然导致现金流危机。此时客户只能依赖应收账款的尽快收回和应付账款的推迟支付来"勉强糊口"。

第7章　财务信息真假识别

1. (1) 第1年年应纳税所得额=508÷15%=3 387(万元)

第2年年应纳税所得额=719÷15%=4 793(万元)

(2) 两年合计利润总额与应纳税所得额的差异=(17 600+42 300)−(3 387+4 793)=51 720(万元)

(3) 两年合计利润总额与应纳税所得额的差异占两年合计利润总额的百分比=51 720÷(17 600+42 300)=86%

两年合计利润总额与应纳税所得额的差异占两年合计利润总额的百分比高达86%,而当年税务机关居然不将其确认为应纳税所得额,其中蹊跷难道不值得深究?!

(4) 若账面税率显著低于法定税率,则说明税前会计利润大部分在税法中不能确认为利润,税前会计利润可能有虚假成分。

2. (1) 广利公司一年以内应收账款4亿多元,占应收账款总额的77%,其中最大的欠款单位是德国A公司,其欠款达到2亿多元,占应收账款总额大约50%。因此,必须查询德国A公司的基本情况。

经查询,德国A公司是贸易企业,主要经营范围是机械产品和技术咨询。那么,该公司对广利公司的欠款应该是购买广利公司机械产品的货款。

但我们已经知道,广利公司的主营业务范围不包括机械产品。现在广利公司50%的应收账款是一家经营机械产品的德国公司,这与广利公司的主营业务不符。

因此,在接下来的财务报表分析中,广利公司的应收账款是调查分析的重点。

（2）在广利公司一年以内预付账款 1.8 亿元，占预付账款总额的 93％，其中最大的被预付单位是德国 B 公司，达到 1.6 亿多元，占预付账款总额大约 84％。

广利公司 50％的应收账款（2 亿多元）是一家经营机械产品的德国公司的应付货款，而广利公司又支付给另一家德国公司 1.6 亿多元的预付购设备款。因此，必须调查广利公司与这两家德国公司的关系。

广利公司与这两家德国公司的关系是判断广利公司财务报表数据是否真实性的重要线索。在接下来的财务报表分析中，预付账款应该是调查分析的重点。

第 8 章　非财务因素信息调查

1. 服装加工业是劳动密集型行业，固定成本低，变动成本（如工资、原材料等）很容易随着产量的减少而降低。因此，从成本结构来看，风险较低。

汽车制造业是资本和技术密集型行业，固定成本（如设备、大量设计人员的工资等）很高，而变动成本则相对较低。因此，从成本结构来看，风险较高。

2. 最低违约成本为 220 万元。由于 220 万元违约成本远远大于 100 万元贷款金额，所以在正常情况下借款人是不会违约的。

第 9 章　贷款担保信息调查

1. 因借款人曾提供了财产抵押，法院判决先执行抵押设备，其不足部分再由担保人偿还。由于甲公司提供的抵押设备专用性很强，银行在处理设备中困难重重，无法变现，于是要求先执行具有相当经济偿还能力的担保人，对此法院未予采纳，故该笔贷款迟迟未能收回。

抵押担保虽然具有不受当事人经营状况、经济实力变化的影响及抵押权人可优先受偿等优惠，但银行也应根据抵押财产是否易变现等予以综合考虑，特别是在贷款已有较有实力的担保人提供了担保的情况下更要权衡利弊，谨慎行事。否则就往往会因须先处分抵押财产而无法直接要求担保人先行履行还款责任，从而给贷款的清收增加困难，因为根据法律规定，同意债权既有保证人又有物的担保的，保证人对物的担保以外的债权承担保证责任。

因此，银行在发放贷款、审查担保时应注意选择可靠而又可行的担保方式。

2.（1）借款人自有资金少，主要靠银行贷款进行房地产开发，开发后又将销售回笼资金抽去开发其他项目，不偿还甲银行贷款，甲银行的贷款无法收回。

（2）甲银行客户经理对该公司贷款调查不实，贷款抵押物没有合法登记，致使未确权的地下车库诉讼时难以拍卖处置。

（3）该案例证明这办理贷款抵押时,抵押物一定是已经确权的,否则一旦出现风险银行就无法处置收回贷款。

第 10 章　小微客户贷款调查

1. 应收账款一般应在 300 万元左右。

营业成本一般应在 60 万元 100×(1−40％)左右。

用存货周转率验证,每月至少周转 6 次(60÷10)。

2. 外来人口的违约成本只有摊位剩余租期成本和转换期间经营停止的利润损失。违约成本远远小于贷款金额,因而造成很多流动人口经营稍有挫折,即会离开,逃废银行债务。

参考书目

1. 陈玉菁.客户信用分析技巧[M].上海:立信会计出版社,2010.

2. 陈玉菁,蔡文宇.授信调查快车道[M].上海:上海财经大学出版社,2010.

3. 李若山,方军雄.香饽饽臭馍馍——财务报表里的"馅饼"与"陷阱"[M].北京:中国时代经济出版社,2003.

4. 张新民.从报表看企业数字背后的秘密[M].3版.北京:中国人民大学出版社,2017.

5. 崔宏.财务报表阅读与信贷分析实务[M].北京:机械工业出版社,2015.

6. 沙业伟.信贷风险与资产保全案例选[M].成都:西南财经大学出版社,2015.

7. 布莱·甘吉林,约翰·比拉尔代洛.公司信用分析基础[M].魏巍,许勤,译.上海:上海财经大学出版社,2007.

8. 郑朝晖.财报粉饰面对面[M].北京:机械工业出版社,2016.

9. 王君,等.贷款风险分类原理与实务[M].2版.北京:中国金融出版社,2002.

10. 刘姝威.上市公司虚假会计报表识别技术[M].北京:机械工业出版社,2013.